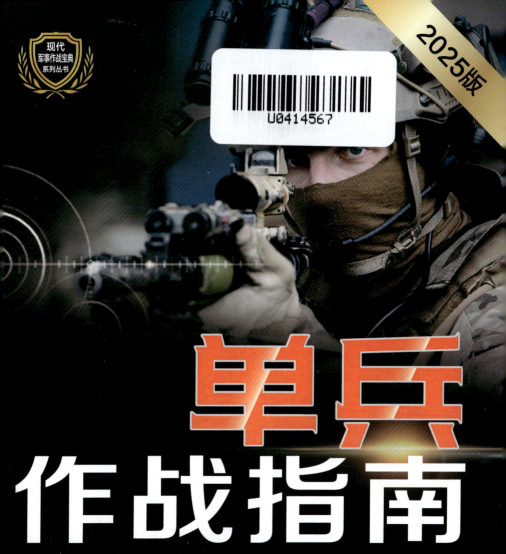

现代军事作战宝典系列丛书

2025版

单兵作战指南

《深度军事》编委会 编著

清华大学出版社
北京

内 容 简 介

本书详细介绍了世界各国军队的兵员补充方式、作风建设,以及信息化战争的特点,并深入讲解了单兵作战装备、身心素质训练、战术技术训练等知识。与此同时,本书还针对现代战争的几大主要作战形式,如山地战、丛林战、沙漠战,以及 21 世纪以来各国军队频频进行的反恐和维和行动,进行了全面和专业的介绍。

本书内容结构严谨,分析讲解透彻,图片精美丰富,适合广大军事爱好者阅读和收藏,也可以作为青少年的科普读物。

本书封面贴有清华大学出版社防伪标签,无标签者不得销售。
版权所有,侵权必究。举报:010-62782989,beiqinquan@tup.tsinghua.edu.cn。

图书在版编目 (CIP) 数据

单兵作战指南 /《深度军事》编委会编著 . —北京:清华大学出版社,2018(2024.11重印)
(现代军事作战宝典系列丛书)
ISBN 978-7-302-50189-3

Ⅰ . ①单⋯ Ⅱ . ①深⋯ Ⅲ . ①单兵—独立作战—指南 Ⅳ . ① E83-62

中国版本图书馆 CIP 数据核字(2018)第 110136 号

责任编辑:李玉萍
封面设计:郑国强
责任校对:张术强
责任印制:沈　露

出版发行:清华大学出版社
　　　网　　　址:https://www.tup.com.cn,https://www.wqxuetang.com
　　　地　　　址:北京清华大学学研大厦 A 座　　邮　编:100084
　　　社 总 机:010-83470000　　邮　购:010-62786544
　　　投稿与读者服务:010-62776969,c-service@tup.tsinghua.edu.cn
　　　质 量 反 馈:010-62772015,zhiliang@tup.tsinghua.edu.cn
印 装 者:三河市龙大印装有限公司
经　　销:全国新华书店
开　　本:146mm×210mm　　印　张:10.25　　字　数:394 千字
版　　次:2018 年 7 月第 1 版　　印　次:2024 年 11 月第 13 次印刷
定　　价:59.80 元

产品编号:071009-02

前言

在很多美国战争电影中,我们经常会看到这样一幅画面:当美军士兵遇到敌方猛烈的抵抗与打击时,立刻通过单兵通信设备与指挥中心取得联系,不久之后,美军的远程打击力量便会出动,要么是火炮猛烈轰击,要么是导弹精确打击,要么是轰炸机投放炸弹,要么是攻击机密集扫射。一阵狂轰滥炸过后,地面上的美军士兵再从藏身之处出来收拾残局。

受到影视剧和游戏的影响,一般人往往会认为谁有更多的导弹、火炮和更强的飞机与坦克,谁的战斗力就更强大。无论多么强悍的单兵作战能力,在这些重武器面前都不堪一击,对于战争的进程和结果也没有太大的影响。那么,现代战争中是不是真的已经不需要单兵作战了?其实不然,无论多么先进的武器装备,始终离不开士兵的操控。脱离了人,飞机、坦克也仅仅是一堆废铜烂铁。而战争中的某些任务,也只有地面士兵才能完成。

现代战争中的高技术武器是知识密集型产品,一个武器系统往往综合了诸多学科知识,操纵使用、维护保养和作战协同等方面均很复杂,只有理论知识扎实、文化素质较高的士兵才能驾驭这些武器,并使其在战斗中发挥出最大效能。正因为如此,世界各国军队都非常重视单兵作战能力的培养和提升。

本书是介绍现代军队单兵作战的科普图书,共分为6章。第1章对现代军队的兵员补充方式和作风建设方法进行了概括介绍,并分析了信息化战争的特征。其他各章分别讲解了单兵作战装备、身心素质训练、战术技术训练、现代常规战争中的单兵作战、反恐与维和行动中的单兵作战等知识。通过阅读本书，读者不仅可以全面了解现代战争中的单兵作战知识，还能从书中的各类训练方法和实战技巧获得启发，用于指导自己的健身运动和户外活动等。

本书紧扣军事专业知识，不仅带领读者熟悉现代军队单兵作战的战术技术，而且可以了解单兵装备的使用和发展情况，特别适合作为广大军事爱好者的参考资料和青少年朋友的入门级读物。全书共分为 6 章，涉及内容全面合理，并配有丰富而精美的图片。

本书是真正面向军事爱好者的基础图书。全书由资深军事团队编写，力求内容的全面性、趣味性和观赏性。

本书由《深度军事》编委会创作，参与本书编写的人员有阳晓瑜、陈利华、高丽秋、龚川、何海涛、贺强、胡姝婷、黄启华、黎安芝、黎琪、黎绍文、卢刚、罗于华等。对于广大资深军事爱好者以及有意了解国防军事知识的青少年，本书不失为很有价值的科普读物。希望读者朋友们能够通过阅读本书，循序渐进地提高自己的军事素养。

目　录

第1章　单兵作战概述 ... 1

1.1　士兵的征募 ... 2
1.1.1　各国兵役制度 ... 2
1.1.2　常规部队的征兵要求 ... 5
1.1.3　特种部队的征兵要求 ... 10

1.2　军队的作风建设 ... 19
1.2.1　树立核心价值观 ... 19
1.2.2　练就良好个人品德 ... 26
1.2.3　正确看待服从和民主 ... 30

1.3　认识信息化战争 ... 34
1.3.1　信息化战争的定义 ... 34
1.3.2　信息化战争的特征 ... 36

第2章　单兵作战装备 ... 43

2.1　单兵武器 ... 44
2.1.1　单兵武器概述 ... 44
2.1.2　枪械 ... 46
2.1.3　爆破武器 ... 63
2.1.4　冷兵器 ... 74

2.2　防护装具 ... 77
2.2.1　头部装备 ... 77
2.2.2　作战服装 ... 81

2.2.3　单兵携行装具 87
　2.3　电子设备 94
　　　2.3.1　敌我识别系统 94
　　　2.3.2　通信系统 97
　　　2.3.3　夜视装备 100
　2.4　未来单兵作战系统 102
　　　2.4.1　未来单兵作战系统的功能 102
　　　2.4.2　各国未来单兵作战系统 105
　2.5　野战口粮 112
　　　2.5.1　野战口粮的历史 112
　　　2.5.2　各国军队的野战口粮 117
　2.6　无人装备 123
　　　2.6.1　无人机 123
　　　2.6.2　无人车 130
　　　2.6.3　机器人 133

第3章　身心素质训练 137

　3.1　体能训练 138
　　　3.1.1　军人体能的内涵 138
　　　3.1.2　体能训练的地位 141
　　　3.1.3　热身运动 148
　　　3.1.4　耐力训练 151
　　　3.1.5　力量训练 156
　　　3.1.6　柔韧性训练 162
　3.2　心理训练 163
　　　3.2.1　勇气训练 164
　　　3.2.2　克服恐惧训练 166
　　　3.2.3　自信心训练 171
　　　3.2.4　意志训练 174
　　　3.2.5　减压训练 182

第 4 章　战术技术训练 ... 187

4.1　轻武器训练 ... 188
4.1.1　枪械射击训练 ... 188
4.1.2　手榴弹投掷训练 ... 197
4.1.3　特种部队士兵的轻武器训练 ... 200
4.1.4　爆破训练 ... 203

4.2　格斗训练 ... 205
4.2.1　格斗训练的原则 ... 205
4.2.2　徒手格斗 ... 210
4.2.3　匕首格斗 ... 214
4.2.4　反擒拿训练 ... 215
4.2.5　徒手缴械训练 ... 219
4.2.6　摸哨训练 ... 222

4.3　伪装与隐蔽训练 ... 224
4.3.1　伪装隐蔽的原则 ... 224
4.3.2　伪装隐蔽的措施 ... 227
4.3.3　秘密行进的技巧 ... 230

4.4　手语训练 ... 232
4.4.1　军人手语类型 ... 232
4.4.2　常用手语动作 ... 235

4.5　战俘训练 ... 236
4.5.1　战俘训练的意义 ... 236
4.5.2　战俘训练的内容 ... 239

4.6　团队协作训练 ... 243
4.6.1　团队协作的意义 ... 243
4.6.2　团队精神的培养 ... 245

4.7　数字化部队训练 ... 248
4.7.1　数字化部队的特点 ... 248
4.7.2　数字化部队的训练 ... 250

4.8　假想敌训练 ... 254

4.9 载具训练 257
    4.9.1 车辆倾覆训练 257
    4.9.2 直升机落水自救训练 258

第 5 章 现代常规战争 261

5.1 单兵野外作战 262
    5.1.1 野外作战的形式 262
    5.1.2 野外作战的行进技巧 266
    5.1.3 单兵布雷和排雷 268
    5.1.4 单兵野外生存 270

5.2 单兵城市作战 279
    5.2.1 城市作战的特点 279
    5.2.2 城市作战的行进技巧 284
    5.2.3 城市作战的射击位置 288
    5.2.4 手榴弹使用技巧 294

第 6 章 反恐与维和行动 297

6.1 反恐行动 298
    6.1.1 反恐行动概述 298
    6.1.2 反恐部队的特点 303
    6.1.3 反恐行动的队伍构成 305
    6.1.4 反恐行动的基本战术 308

6.2 维和行动 316
    6.2.1 维和行动概述 316
    6.2.2 维和部队的士兵 318

参考文献 320

第1章
单兵作战概述

所谓单兵,广义上是指单个的士兵,狭义上则是指单独作战能力较强的士兵,如侦察兵、空降兵、海军陆战队员等。单兵是军队的基本组成单位,单兵作战能力的强弱直接决定整支军队的作战能力。而整支军队的优良传统和作风,也会在潜移默化中影响每位士兵。

1.1 士兵的征募

1.1.1 各国兵役制度

兵役是个人或群体为军队或民兵提供的服务，该服务可以是自愿性的志愿兵或强制性的义务兵。世界各国的兵役制度分为募兵制和征兵制两种。

募兵制，也称为志愿役，是指符合条件的国民志愿投入军队，以军人作为职业。国民自愿加入军队的原因众多，可以是基于爱国、宗教意识或兴趣，也可以是纯粹为报酬而参军。

征兵制，也称为义务役、常备役、充员兵役等，意指全体国民，如符合一定条件（通常是年满法定年龄，且身体健康、无残疾的男性），均须强制性加入军队服役一段时期（通常是半年至三年，视国家及军种而定）。由于义务役成员是强制性、非自愿及非终生性，因此实施征兵制的国家通常会同时实施募兵制，容许自愿选择以军人为长期职业的人士，在义务役期完毕后，继续在军队服役。

目前，世界上仍然实施征兵制的国家，在欧洲有瑞士、奥地利、芬兰、俄罗斯、白俄罗斯、乌克兰、爱沙尼亚、希腊、摩尔多瓦等，在亚洲有土耳其、格鲁吉亚、亚美尼亚、阿塞拜疆、伊朗、哈萨克斯坦、乌兹别克斯坦、吉尔吉斯斯坦、塔吉克斯坦、以色列、蒙古、朝鲜、韩国、越南、老挝、泰国、新加坡等，在非洲有阿尔及利亚等。

除上述国家外，世界其他主要国家大多已实行募兵制，如加拿大（1918年起实施）、英国（1960年起实施）、比利时（1994年起实施）、荷兰（1997年起实施）、法国（2001年起实施）、西班牙（2001年起实施）、意大利（2005年起实施）、捷克（2005年起实施）、瑞典（2010年起实施）、德国（2011年起实施）等。丹麦与挪威比较特别，法律上虽规定可以征兵，但又严格限制政府征兵权限，导致形同募兵制。美国虽然原则上仍保留征兵制（在二战

第 1 章　单兵作战概述

前由国会通过征兵法案），但自 20 世纪 70 年代越南战争结束后，就再也没有实施过。

由征兵制改为募兵制的国家正逐渐增加，冰岛、巴拿马和哥斯达黎加甚至只设置警察，不设置军队。

一战英军著名募兵海报"基奇纳伯爵需要你"

俄罗斯军队征募的新兵

芬兰军队新兵参加宣誓仪式

徒步行军的以色列国防军女兵

训练中的美国国民警卫队士兵

1.1.2 | 常规部队的征兵要求

军人是一个十分特殊的职业，总是与牺牲和奉献联系在一起。无论是在炮火纷飞的战场，还是在危机四伏的灾区，军人都面临着生死攸关的考验。为了在战争或救灾行动中取得胜利，每名士兵都必须拥有强壮的身体和出色的心理素质，以及灵活应对复杂战场情况的能力。而在信息化战争模式下，士兵还必须拥有较高的文化素质。随着战争方式的不断升级和竞争的不断加强，世界各国军队对士兵的要求只会越来越高，需要士兵具备更加全面的作战素养。因此，无论是实施募兵制还是征兵制的国家，在征募士兵时都有一定的兵员素质要求，尽管具体要求存在差异，但大致可包括以下五个方面。

身体素质

良好的身体素质是士兵进行军事活动的物质基础，只有具备强健的体魄才能适应各种艰苦复杂的作战环境，才能在必要的时候超负荷工作。随着军事科技的不断发展，各种高技术武器在战场上将被广泛使用，战斗的激烈性和战争环境的艰苦程度也将随之增加，对士兵的身体素质要求也将越来越高。

身体素质包括五个方面：速度素质，是人体在单位时间内移动的距离或对外界刺激反应快慢的一种能力；力量素质，是人体某些肌肉收缩时产生的力量；耐力素质，是人体长时间进行肌肉活动和抵抗疲劳的能力；灵敏素质，是指迅速改变体位、转换动作和随机应变的能力；柔韧素质，是人体活动时各关节肌肉和韧带的弹性和伸展度。

一个人身体素质的好坏与遗传有关，但与后天的营养和体育锻炼的关系更为密切，通过正确的方法和适当的锻炼，可以从各个方面提高身体素质水平。因此，世界各国军队不仅在征募兵员时有着明确的身体素质要求，还非常重视士兵的体能训练，将其作为提高部队战斗力的一个重要方面，并且贯穿士兵整个军旅生涯的全过程。例如，美国军队专门有一项关于军官体重标准的规定，军官的晋升与其体重密切相关，一旦超过规定的体重标准，其晋升就会受到影响。

美国陆军士兵在积雪山区训练

美国陆军士兵进行格斗训练

心理素质

心理素质是指在先天与后天共同作用下形成的人的心理倾向和心理发展水平。出色的心理素质,是充分发挥技术战术水平、确保战斗胜利的重要因素。未来高技术战争具有突然性、迅速性、残酷性和复杂性等特点,士兵所处的战场环境非常艰苦和危险,能否承受各种强烈的刺激、调节和控制消极的心理反应、保持积极的心理状态和高昂的战斗士气,将直接关系着战争的胜败。

作为士兵整体素质的重要组成部分,心理素质在很大程度上制约和影响着其他素质的发展。在残酷的战争中，士兵承受着巨大的心理压力，加上敌方心理战的影响，很容易产生焦虑、厌倦、恐慌等负面情绪。如此一来，无论士兵的身体素质和文化素质多么出色，他也无法在瞬息万变的战场上冷静地判断形势，甚至无法独立思考和主动采取行动。例如，二战期间美军约有100万人罹患战斗紧张症，其中45万人因精神疾患而退伍，占美军伤病退伍军人的40%。美军深谙心理素质对士兵战斗力的巨大影响，因此一直在积极研究和实践心理战。在阿富汗战争和伊拉克战争中，美军心理战宣传无孔不入，渗透到许多领域，有效地削弱了敌军的斗志。

印度尼西亚陆军士兵参加野外生存训练

文化素质

文化素质是指士兵要有基本而全面的文化基础知识，有随时随地积极获取知识的意识，并有良好的自学能力。文化素质是一名士兵成长和发展的基础素质，要衡量一支军队的现代化建设水平，一个重要标志就是士兵整体文化素质的高低。在现代化军队中，士兵不仅要有丰富的现代军事理论知识、高科技知识等，还要在实际工作中灵活地运用这些知识，尤其是要熟练地操作各类高技术武器。现代高技术武器是知识密集型产品，一个武器系统往往综合了诸多学科知识，只有理论知识扎实、文化素质较高的士兵才能驾驭这些武器，并使其在战斗中发挥出最大效能。

新型军事人才要有较高的文化素质，这是新型军事人才投身军队现代化建设和指导未来高技术战争的前提。信息化战争已将军事人才从过去体能、技能对抗为主转变为智能对抗为主。高新技术在军事领域的全方位渗透，必然要求各个岗位上的军事人才都具有较高的科学文化基础。以美国空军为例，20世纪70年代军官中本科以上学历者约占80%，20世纪80年代已上升为100%，20世纪90年代其研究生比例又达到50%。除了美国军队外，其他国家的军队也在不断吸纳高学历士兵，使士兵队伍的知识结构发生了较大的变化。俄罗斯军队坚持以征召应届毕业高中生、中专生和大学生为主的方针，以保证兵员具有较高的文化素质。印度陆军招募兵员规定为 10 年制学校毕业生。

军官和士兵文化素质的高低，对战争的进程和结果有着直接的影响。海湾战争中，伊拉克士兵的文化素质普遍较低，甚至有相当一部分士兵近似文盲，他们不会使用伊拉克军队已有的先进武器装备，也不会使用入侵科威特时缴获的大批美制武器。相比之下，多国部队尤其是美军的文化素质要高得多，这也是多国部队取得胜利的重要原因。

潜伏在草地上的英国陆军狙击手

军事素质

所谓军事素质是指士兵所具备的与军事专业相关的知识、技能和素养。扎实的军事素质是士兵实现军人价值的前提，也是履行军人使命、赢得未来战争胜利的关键。具体来说，现代化军队中的士兵要有丰富的与军事相关的地理、气象、通信、交通等科学知识，要熟悉外军的军事理论、武器装备及战法知识，要懂得高技术局部战争的特点和规律，要有熟练地运用高科技武器装备的能力。只有这样，才能适应未来高技术战争的需要。

第 1 章　单兵作战概述

英国陆军士兵在山地中进行作战训练

美国陆军士兵进行射击训练

道德素质

虽然战争总是伴随着血腥的杀戮,但并不意味着参与战争的士兵就只是毫无道德素质的杀戮机器。道德素质是军人立身之本,是军队形象之基。古代军人就有精忠报国、英勇作战、严肃军纪、赏罚分明、国重于家的精神。而现代化军队的军人道德,指的是英勇顽强、不畏牺牲、明辨是非、品行端正、热爱人民、服从指挥。

有了良好的道德素质,士兵才能确立个人的行为准则,才知道应该怎样做、不应该怎样做,才能使自身的各种素质得到巩固和提高。因此,士兵自觉用军人道德规范自己的行为,不断加强自身的道德素质,对提高部队战斗力具有重要作用。

西班牙陆军士兵问候阿富汗儿童

1.1.3 | 特种部队的征兵要求

特种部队是世界一些国家军队中,担负破袭敌方重要的政治、经济、军事目标和执行其他特殊任务的部队。一般由最高军事指挥机关直接指挥和领导,少数国家由国防部或军种领导。特种部队具有编制灵活、人员精干、装

第1章 单兵作战概述

备精良、机动快速、训练有素、战斗力强等特点，主要担负袭扰破坏、敌后侦察、窃取情报、心理战、特种警卫和反特工、反偷袭和反劫持等任务。与常规部队士兵相比，特种部队士兵的单兵作战能力更加强大。与之相应的是，成为一名特种兵的难度也远大于成为一名普通士兵，各国在挑选特种兵时都有极为严格的标准，主要体现在以下五个方面。

政治面貌

特种部队是执行政治任务的武装集团，对国家、民族的忠诚是成为特种兵的首要条件。这也是特种兵在作战中具有不畏艰苦、不怕牺牲和英勇战斗精神的思想基础。有了它，队员才能在执行任务中时刻以国家利益为重。正因为如此，大多数特种部队都会将政治面貌纳为选拔标准，并且是首要标准。绝大多数特种部队都不会招募外国人，如美国海军"海豹"突击队便要求参选者必须是美国公民或归化入籍人士，同时还必须是美国海军现役军人。

性别与年龄

由于特种作战的复杂性和残酷性，对特种兵的身体素质要求极高，要求必须拥有强壮的体魄、坚强的毅力和持久的忍耐力，能最大限度地适应不同的作战环境。因此，大多数国家对特种部队成员的年龄有比较明确的规定。如俄罗斯"阿尔法"特种部队的年龄限制为23～28岁，服役期为10年左右，一般在35岁左右退役。美国"海豹"突击队也要求年龄必须在28岁以下（遇到特殊情况时，29～30岁也有可能入选，但必须签订免责声明书）。除了年龄，特种部队对性别的要求也很严格，很少有特种部队会招募女性作为其战斗人员，如美国便有禁止女性参加地面作战的禁令。

身体素质

对于以独立执行作战任务为主的特种兵来说，良好的身体素质至关重要。各国特种部队在招募新兵时，身体素质是必须严格筛选的一项。例如，参加"海豹"突击队新兵选拔的志愿者必须通过严格的身体筛选测试，包括以下程序：在12.5分钟或更短时间内游完500米，然后休息10分钟。在2分钟内做42个俯卧撑，然后休息2分钟。在2分钟内做50个仰卧起坐，然后休息2分钟。做6个引体向上，然后休息10分钟。穿长筒靴和长裤在11.5分钟内跑完2400米。身体筛选测试通过以后，志愿者才算取得了参加选拔训练的资格。

心理素质

负责挑选以色列特种部队新兵的某位专家曾说："只会杀人和开枪的莽汉我们不要，特种部队的官兵必须是谨慎而守纪律、有很高心理素质的人。"的确，特种兵面临着常人难以想象的心理压力，如果没有良好的心理素质，那么再好的体能条件都无济于事。美军研究表明，虽然特种部队面临的战场环境比常规部队要残酷得多，但特种兵受到精神创伤的比例却比常规部队要低得多。这完全得益于特种部队严格的新兵选拔程序和过硬的心理训练，使特种兵具备遇敌不慌、临危不惧、勇敢坚定、沉着冷静的良好心理素质，能正确对待和化解战场压力，具备较强的战场适应和连续作战能力。

智力水平

特种兵往往在敌人心脏地带实施短促而高风险的作战，没有过人的智力就难以顺利执行作战任务。一名特种兵不仅要学会射击、格斗、刺杀和爆破技术，学会照相、窃听、通信、泅渡、滑雪、攀登和跳伞技术，学会警戒、侦察、搜索、捕俘、营救等战术技能，还要掌握一些疾病的防治方法、可食用野生动植物的辨别知识，掌握预定作战地域语言、风土人情和民族习惯等，只有具备了聪明的头脑和积极的态度，才能真正掌握如此繁杂的知识和技巧。因此，俄罗斯把头脑精明列为"阿尔法"队员的必备条件，这支特种部队90%以上的队员都受过高等教育，多数来自著名的梁赞高等空降指挥学院、莫斯科高等诸兵种合成指挥学院和边防军所属的两所军事学院。

除了上述具有普遍意义的选拔标准，某些特种部队还会根据自身的实际情况附加一些特殊的条件。例如，美国"三角洲"特种部队对新兵射击能力的要求相当高，狙击手必须在548米的距离，达到100%的命中率，在914米则达到90%的命中率。而属于海军特种部队的"海豹"突击队则对游泳技术非常看重。参加巴基斯坦特种部队选拔的志愿者则必须证明自己是虔诚的穆斯林，并永远忠诚于真主与国家。

第 1 章 单兵作战概述

进行人质解救训练的德国第 9 国境守备队成员　　训练中的俄罗斯陆军特种兵

达到上述选拔标准仅仅是成为特种兵的先决条件，志愿者还需要参加严格的选拔训练，在通过多项测试之后才有资格成为一名真正的特种兵。特种兵的选拔训练极其残酷，淘汰率极高，只有这样，才能确保最终选出的每名特种部队新兵都是以一当十的精英。以美国海军"海豹"突击队为例，参加选拔的学员将进行 50 周左右的选拔训练，其中包括 28 周的基本水中爆破训练、3 周的基础跳伞训练和 19 周的"海豹"突击队资格训练。

一、基本水中爆破训练

BUD/S（Basic Underwater Demolition/SEAL）历时 28 周，首先是为期 3 周的训导课程，随后是分成三个阶段的训练项目：体能调节（7 周）、水下技能训练（8 周）以及陆战训练（10 周）。整个训练过程都在位于加利福尼亚州科罗拉多的海军两栖基地进行，该阶段的淘汰率高达 70%。

（1）训导课程

BUD/S 的第 1 项内容便是历时 3 周的训导课程，主要讲授"海豹"突击队的行动目标和作战方法等，帮助学员熟悉"海豹"突击队的各个方面。更重要的是，这是为接下来的艰苦训练做好身体和精神准备的时期。

（2）体能调节

训导课程完成以后，便是持续 7 周的体能调节阶段，主要分为体能训练、障碍训练、地狱周和水中侦察训练四个部分。这个阶段的训练极其严酷，学员们必须不断进行基本体能运动，长跑、游泳、潜水、障碍跑、沙滩翻滚、划艇和水中求生等练习，完成这些练习所需的时间必须不断减少。由于训练强度大，学员受伤是家常便饭，医务人员几乎是寸步不离训练现场。正因为如此，这个阶段中主动要求放弃的学员数量是最多的。

这个阶段的训练以 7 个人为一班的编制进行，每个班会分到一艘橡皮艇，教官往往会要求各班在完成一个任务后奔赴执行下一个任务时把橡皮艇扛在头顶。体能调节阶段的第 4 周便是令人闻之色变的"地狱周"——132 小时不间断的体能极限训练。从星期天日落时开始，到第 2 周星期五的最后一刻，学员们将连续训练五天五夜，每天进餐 4 次，整个"地狱周"中仅有三四个小时的睡眠时间。在此期间，学员们将不间断地完成跑步、游泳、越障、划艇等项目，并在泥沼、沙滩等恶劣环境中进行登陆、建立滩头阵地等特定战术任务。

"地狱周"里的一项关键训练是听清命令，学员的大脑因为缺乏睡眠而昏昏沉沉的时候，教官偶尔会故意遗漏某个命令的一部分，以测试哪些学员在真正聆听。发觉这点的学员往往能稍稍降低执行任务的难度，并且获得休息一会儿的奖励。

在"地狱周"即将结束的时候，学员们会迎来名为"环球大巡航"的橡皮艇航程训练，即 6～8 人一组扛着橡皮艇从基地跑到 2 公里外的沼泽地，再下水经诺福克港区划向查沙毕克湾的指定地点，接着顺着水流划向圣地亚哥的滩头，最后扛起橡皮艇从沙滩跑回基地。整个过程总共有 16 海里的航程加上 5 千米左右的路程，最重要的是，他们不会在风平浪静的时候出海。

"地狱周"之后还有一项艰苦的训练——"水中防沉溺训练"，学员们两人为一组（为了培养学员间的团队精神及互相信任），将对方的双脚绑紧，再将双手绑在身后，被绑者在得到命令后必须跳入 2.74 米深的水池，然后完成下列动作：上下漂动 5 分钟、漂浮 5 分钟、前游 100 米、上下漂动 2 分钟、前后翻转几下、游到水池底部并用牙齿叼住某样东西，返回到水面并再上下漂动 5 次。

"海豹"突击队水中防沉溺训练

第 1 章　单兵作战概述

"海豹"突击队体能极限训练

（3）水下技能训练

在体能调节阶段未被淘汰的学员便有资格进入下一个阶段的训练——历时 8 周的水下技能训练。由于"海豹"突击队的很多任务要在水下完成，因此这一阶段的训练也是非常重要的，而且训练强度与之前相比毫不逊色。

这个阶段的学习重点是水下求生、水下游泳、水下呼吸器的使用、修理损坏的设备等技能。"海豹"突击队使用的水下呼吸器主要有普通水下呼吸器和闭路再循环水下呼吸器两种，后者是一个闭塞的呼吸系统，在呼吸时不会产生气泡，因此隐蔽性更好。学员必须熟练掌握这两种水下呼吸器的使用技巧。学员还要接受潜水生理学等方面的知识，并能够在各种危急情况下进行恰当的处理与化解，如设备故障和氮中毒等。

为了强化学员的水下求生技能，教官往往会让他们跳入一个很深的水池，再让事先隐藏在水底的人突然将学员身上的设备弄掉，并将呼吸器打上结。这种情况下，学员要安全返回水面，就必须先整理好设备，并将呼吸器上的结解开。整个过程通常需要 1～4 分钟才能完成，在不借助呼吸器的前提下是非常凶险的。

在水池内接受了基本技能训练后,学员会被带到海上进行实地训练。学员要在冰冷的海里连续游上9千米,并且要面对骇人的海浪,这种场景在无形中会给人造成一种心理威压,导致很多熬过"地狱周"的学员在此处遭到惨败,无缘于"海豹"突击队。

(4)陆战训练

成功完成水下技能训练之后,便到了 BUD/S 的最后一个阶段——历时10周的陆战训练。其中前5周为理论及基础课程,接下来的4周会进行各种技巧的综合训练和实习,最后1周则要完成各项演练任务。

这个阶段的训练内容主要包括情报搜集、远距离侦察和巡逻、爆破、武器操作、徒手肉搏、车辆驾驶、绳索攀降、直升机渗透及撤退、夜间战斗、应对狙击手攻击、潜入建筑以及清理滩头等技巧。为了应对可能出现的任何情况,教官还会向他们传授一些小组必须使用的技能,包括处理爆炸物、渗透敌军防线、擒拿技能以及处置战俘的正确方式。另外,学员还必须学会在极端环境中生存和自我治疗。

参加美军"海豹"突击队基本水中爆破训练的学员合影

第 1 章 单兵作战概述

二、基础跳伞训练

基本水中爆破训练完成后,大部分学员已经被淘汰,留下来的精英人员将在佐治亚州本宁堡的陆军空降学校进行为期 3 周的基础跳伞训练。

第 1 周为体能训练。由于此时留下的学员都是成功通过 BUD/S 阶段的精英,所以很轻松就能完成。

第 2 周为跳伞基础技能训练。学员要学习如何使用及收拾伞具、掌握等候跳伞的程序、了解机门的位置、接受跳伞的指令、学习如何跳出机外、危机处理程序,以及着地的技巧。

第 3 周是跳伞训练周。学员要先后进行 5 次跳伞实训,其中 3 次在白天进行,1 次在昏暗状态下进行(通常在黄昏或清晨),还有 1 次需要携带战斗装备进行。

体能训练阶段的特色项目——合举圆木

美军"海豹"突击队跳伞实训

三、"海豹"突击队资格训练（SEAL Qualification Training，SQT）

空降训练完成后，学员才算是真正完成了"海豹"突击队的"三栖"训练。不过，他们此时仍不能算作"海豹"突击队的一员。只有接下来的"海豹"突击队资格训练顺利完成后，他们才有资格佩戴"海豹"突击队的金色三叉戟徽章，正式成为这支部队的一员。

SQT 是历时 19 周的训练，学员要继续提高基本技能，同时学习所需的新战术和新技能，以完成委派给"海豹"突击队的每个排的任务。在此期间，学员除了要符合"海豹"突击队的各项要求，还要接受同伴的评判，即对其是否合群、能否融入团队做出评判。这个过程中，学员仍有可能被淘汰，但只要度过了这个阶段，便迎来了最后的胜利。

1.2 军队的作风建设

1.2.1 树立核心价值观

核心价值观的作用

军人核心价值观体现出国家对军队的基本要求，是军队完成使命的可靠保证，体现了军队的性质和宗旨，是其军魂之所在和强大的精神力量，引领着军人的理想、信仰和行为，是军人的精神支柱和构成军队战斗力的重要基础。

军人核心价值观的培养已成为世界各国军队凝聚军心、增强战斗力的必需途径。各国军队都有其独特的价值观，来作为对军人思想本质上的要求。各国军队的价值观都带着本民族的浓郁特色，折射出本民族文化的底蕴与积淀，并结合时代要求进行新的提炼和概括，表现出浓郁的民族性、时代性特征。

美国陆军、海军、空军和海军陆战队都有各自的价值观，虽然表述上略有差别，但其基本精神是一致的。美国陆军的价值观为"忠诚、职责、尊敬、无私奉献、荣誉、正直、个人勇气"。每个词语都有简短的注释："忠诚——对美国宪法、陆军、所在部队和战友怀有真正信念与忠诚""职责——履行你的义务""尊敬——待人有礼""无私奉献——将国家、陆军和下属的利益置于个人利益之上""荣誉——遵守陆军全部的价值观""正直——行为端正、遵纪守法、遵守道德""个人勇气——勇敢面对恐惧、危险和精神或肉体上的不幸"。

美国海军和海军陆战队对价值观的表述更加简单，即"荣誉、勇气、奉献"。美国空军的价值观表述为"诚实至上、服役优先、力求卓越"。对于价值观的作用，美国空军印发的小册子中的解释为："无论你在哪里，无论你从事什么工作，空军核心价值观都是你的基本指南"；"价值观远不是最低标准。它提醒我们怎样去完成任务，激励我们竭尽全力。它是我们所有武装部队的共同誓言,是统一部队并把我们同昔日伟大勇士和公务人员联系在一起的黏合剂"。

苏联解体后,俄罗斯面临着严峻的国内外形势,政府将强化军人价值观列为军队建设的重中之重。俄罗斯军队的价值理念是"认真履行军人的天职,勇敢地捍卫俄罗斯的自由、独立和宪法制度,保卫人民和祖国",对其价值观的表述为"荣誉、责任、形象、纪律、勇敢"。

英国军队宣扬"效忠国家"的价值观念,其核心价值观表述为"忠诚、自豪、坚定",其精神内涵是无条件承担义务、自我牺牲和相互信任;法国军队宣扬"纪律、忠诚、献身"的价值观念,其核心价值观表述为"自由、平等、顽强、坚韧";德国军队的核心价值观为"忠诚、纪律、服从、勇敢、团结、奋发";日本自卫队的核心价值观为"忠节武勇、奉公灭私、忠于职守、严守纪律、积极向上"。

身穿礼服的美国海军陆战队士兵

第 1 章 单兵作战概述

俄罗斯红场阅兵式上的俄军士兵

精神抖擞的英国皇家卫队士兵

法国巴士底阅兵式上的法军士兵

核心价值观的重点

尽管军人核心价值观的具体内容因国家和军种的不同而有所差异,但有些价值观念却被各国军队共同推崇,其中最重要的莫过于"忠诚"和"荣誉"。

忠诚

关于忠诚,《说文解字》是这样解释的:"忠,敬也,从心""诚,信也,从言"。也就是说,忠,就是崇敬和恪守;诚,就是言而有信、言行一致。忠诚,就是真心诚意、尽心尽力、没有二心。英国诗人雪莱说:"在任何生命中,忠诚都是贯穿其中的主线。"西方著名军事理论家克劳塞维茨也强调,军人坚守忠诚,要像"站立在海上的岩石一样,经得起海浪的冲击"。

忠诚是人类社会的基本伦理规范和根本道德要求。在社会组织中,忠诚体现为个体对组织义务的崇敬和恪守、对组织目标的坚定信仰。军人"执干戈以卫社稷"的特殊使命,更决定了忠诚是一切价值的根基。世界各国的军队历来都把忠诚作为共同的价值取向,但是忠诚于谁,不同的国家、不同的军队有着很大差异。以美国陆军为例,对国家理念的忠诚是其他价值观的基

第1章 单兵作战概述

础。美国陆军认为，对于真正的职业军人来说，对国家理念的忠诚意味着要服务并保护美国《独立宣言》和《美国宪法》中所有自由、正义、真理和平等的信仰。

对于军人来说，忠诚往往比能力更重要。因为失去了忠诚这个前提，军人的能力越大，危害就越大。例如，一战期间击败德军的法国英雄——亨利·贝当元帅，曾是法国人民的骄傲。二战初期，巴黎沦陷后，面对德军大兵压境，执政的贝当内阁放弃抵抗宣布投降，并成立了维希伪政权，为虎作伥。事实上，即便是一名普通士兵叛变，对军队来说也有着不小的危害。

荣誉

军人荣誉感是激发战斗精神、提高战斗力以及维护部队稳定的关键因素。

因向德国投降而晚节不保的亨利·贝当

一名真正的军人往往为荣誉而奋战、为荣誉而献身。荣誉感培养历来是激发军人责任感、使命感和维持军心的重要途径，古今中外任何强大的军队毫无例外。拿破仑曾说过："只要有足够的勋章，我就能征服世界。"克劳塞维茨也表示："在一切高尚的感情中，荣誉心是人最高尚的感情之一，是战争中使军队获得灵魂的真正的生命力。"其道理正在于高度的荣誉感能激发部队的士气，焕发出无与伦比的战斗力。

荣誉感的生成主要来自职业自豪感、成就感，而职业自豪感、成就感又源自军人的价值观。军事文化对军人荣辱感的形成，有熏陶、引导作用。世界各国在营造军事文化、培养军人荣誉感上都采取了许多措施。有美国"军官摇篮"之称的西点军校向来把对学员的荣誉教育放在突出的位置，该校学员章程规定：每个学员无论在什么时候，无论穿军装与否，无论是在西点军校内还是在西点军校外，也无论是担任警卫、宿舍值班员还是执勤军官等，都有义务、有责任履行自己的职责和义务。任何人在履行职责时，出发点都

单兵作战指南

不应是为了获得奖赏或避免惩罚,而是出于发自内心的责任感。西点军校不断地以西点历代的伟大领袖为典范,从而激励学生更加尊重西点的传统,更加珍惜他们身为西点人的地位。

韩国军队同样重视对士兵的荣誉教育。韩国军队安排的荣誉教育时间并不多,每周只在周末安排 2 个小时,但是荣誉教育的氛围却异常浓烈。用韩国国防部官员的话说,战斗力首先来自对祖国的忠诚、对荣誉的珍惜以及强烈的自信。韩国国防大学也把"祖国、荣誉、知情"作为校训。为增强军人的荣誉感,从国防部到连队,历任主官的照片都置于最明显的位置;全天候飞行员、全能训练手的照片也张贴在荣誉栏里;历史上获得的荣誉,如奖状、奖杯等,则以精致框架摆放在过道上或会议室里。

世界各国军队设立的各类勋章,更是培养和激发军人荣誉感的绝佳方式。例如,美国政府在 1862 年 7 月设立的荣誉勋章是美国最高军事奖章,颁授范围面向美国武装力量所有分支的成员,包括陆军、海军、空军、海军陆战队和海岸警卫队,获奖者必须"在与合众国的敌人进行的战斗中,冒着生命危险表现出超乎寻常的英勇无畏精神"。其他国家也有类似的奖章,如英国嘉德勋章、法国荣誉军团勋章、德国铁十字勋章、朝鲜金日成勋章等。

美国海军荣誉勋章

第1章 单兵作战概述

法国荣誉军团勋章

核心价值观的培育

无论什么样的核心价值观，若仅停留在纸面上便没有意义，只有让每名官兵都切实领会核心价值观的含义并以之指导行动，才能让核心价值观起到应有的作用。因此，世界各国特别是美国、俄罗斯等军事强国在加速推进军事变革、发展新型武器装备的同时，更加注重军事"软实力"建设，尤其是军人核心价值观的培育，力求以此凝聚军心、提升军力。

美军思想教育的内容包括很多方面，爱国主义教育、军人道德节操教育、时事形势教育、部队传统荣誉教育等，其中十分重要的是军人价值观教育。以美国陆军为例，价值观教育是新兵训练的重要内容。新兵基本战斗训练分为三个阶段，每个阶段历时3周，各阶段训练内容中，"价值观训练"这一课目都占很大比重。在各个不同阶段，随着新兵成熟程度的变化，教育内容和要求也随之发生变化。

除了新兵训练，美国陆军也会坚持对老兵进行价值观教育。在杰克逊堡美国陆军训练中心，陆军价值观被制成标牌、宣传画，广泛张贴在办公楼走廊、训练场道路、连队宿舍、士兵餐厅等处。美国陆军士兵随时随地都处在陆军价值观的环境氛围里，不自觉地受到熏陶。此外，美国陆军还会开展强化价值观的活动，如背诵《士兵守则》，高唱国歌、军歌等。

与美国陆军相似，美国空军也专门开设了价值观课，教材就是《美国空军核心价值观》。该教材详尽阐释了美国空军核心价值观的定义、内容、重要性和贯彻核心价值观的策略和方法等。美国空军要求，"核心价值观应该成为从初级训练学校到高级职业军事学校教育和训练的主题,必须融入教育和训练中去",且"需要连续不断地讲授","要自始至终地向所有空军人员传授并实施核心价值观"。

价值观的培育、形成是一个综合的过程,仅靠课堂讲授是远远不够的,需要在教育训练、日常生活等方面共同努力。美军对此非常清楚,十分注重把它融入到部队生活的方方面面。在学校中讲授的东西,在训练场上也要讲授并付诸实践;在训练场完成的内容也要在更高级的教育和训练中重新讲授和强调。

在杰克逊堡训练的美国陆军士兵

1.2.2 | 练就良好个人品德

军人的必要品德

孙子曰:"德行者,兵之厚积也。"战争中的第一要素是人,一支部队要想战无不胜,从士兵到指挥官都必须具有良好的个人品德。例如,美军对服役人员有着严格的品德要求,具有反社会和反军队倾向、同性恋、患有精神病、心理病及有过犯罪前科的人是不能服兵役的。触犯了品德要求,还可能被军法审判。

第1章 单兵作战概述

军人的良好品德是军队建设的基础。重视思想道德建设是世界上任何一支优秀军队的重中之重,是部队凝聚力、战斗力的重要源泉。一般认为,军人应该具备的个人品德包括以下五点。

果断刚毅

战争的突然性、破坏性、残酷性,要求军人必须具备果断刚毅的品格。如此一来,才能在紧急情况下迅速抉择,选择最佳的行动方案,并坚决贯彻执行。另外,还要勇敢面对挫折和失败,百折不挠地克服一切困难和障碍,完成既定目标。

勇猛顽强

勇猛顽强是指军人不怕艰难困苦、不怕流血牺牲,具有压倒一切敌人和一切困难的气概。无论敌人多么强大,困难多么巨大,任务多么艰险,勇猛顽强的军人都能沉着冷静、勇往直前,表现出势不可当、敌不可阻的锐气。

责任感

古语有云:"天地生人,有一人,当有一人之业;人生在世,生一日,当尽一日之勤。"没有做不好的工作,只有不负责任的人。军人只有具有强烈的责任感,才能以高度负责的态度对待工作,才会创造性地解决各种问题,才会使自己的能力展现得淋漓尽致。军人如果缺乏责任感,将失去自己的信誉和尊严,失去别人对自己的信任与尊重。美军认为,履行职责从遵守法律、规章制度和命令开始。职业军人做事不是以最低标准为要求,而是要尽力做到最好。

尚武精神

尚武精神是一支军队的职业精神,是民族精神的重要组成部分。尚武不仅仅是个人的品质,它关系到一个国家、一个民族的生死存亡。对军人而言,尚武就是要居安思危,精武强能,常备不懈,随时准备效命疆场,精忠报国。军人不仅要有坚定的从武志向,而且还要在科技练兵、科技强军方面,学习大量的知识,尤其是学习现代军事科学知识。

单兵作战指南

牺牲精神

牺牲是指把国家、军队和他人的利益置于个人之上。作为军人,如果没有牺牲精神,就没有战场上冲锋陷阵的搏斗与厮杀。从金戈铁马的古代战争到炮火轰鸣的现代战争,军人的牺牲构成了一幅幅慷慨豪迈、动人心魄的历史画卷。美军认为,国家和军队的需要永远都是第一位的。同时,军队是一个高度团结的集体,只有每个人从全局利益出发,从他人利益出发,这一集体才能正常运转,进而形成强大的凝聚力和战斗力。

实战演习中的英国陆军士兵

英国海军陆战队士兵在山区训练

美国陆军士兵在林地边缘巡逻

第1章 单兵作战概述

☞ 军人品德的教育

世界各国军队都非常重视军人的思想品德教育，但每个国家所采取的教育方式各不相同。以美军为例，其对军人的思想品德教育范围十分广泛，内容涉及政治倾向、行为准则、军人传统、价值观念等各个方面。不过，美军并没有设立专门的教育机构和专职的教育人员，而是采取灵活多样的方式，利用各种适当的机会和场合，将思想品德教育纳入各级领导机构和人员的工作职责，融入军队的管理、训练、作战等各项工作中，渗透到军人的学习、工作、生活等领域里。

美军条令规定，各级部队要整理和利用好自己的历史，发挥其对官兵的教育作用，连一级要建立本部队的历史档案，团一级部队应设立专门的档案室。在美国各地特别是美军战斗、工作、生活过的地方，建有大量纪念性雕塑或标志，记录美军的作战历程、名人格言、部队警句等。为了对军人的思想品德要求有法可依，美军颁发了各种有关的条令，如《军人行动指南》《军人行为规则》《品格指导纲要》等。与此同时，美军还经常邀请一些经验丰富的退休军官到院校和部队给学员、军官、士兵讲课，内容涉及国际形势、国家政策、军事历史、军队传统、军人道德等。

除了美军，以色列军队的思想品德教育方式也颇值一提。以色列国防军创立于1948年，是中东地区国防预算最高的军队之一，作为世界上最有战争经验的武装力量，在建国半个世纪以来参加了5场主要的大型战争和其他无数次小型冲突。在人员上，以色列国防军的主要优势是其人员训练的精良品质以及完善的制度，而不是人员的数量多寡。世界上权威的军事专家们一致认为，以色列国防军的质量优势来自于超常的训练和坚定的信念，而坚定的信念源于一贯的思想政治工作。

在以色列，一个人的社会地位在很大程度上取决于其从军服役的态度和经历。如果一个人曾在空军等精锐部队服役，并且在服役期间立下战功，那么他的前途将非常光明。正因为如此，以色列青年十分乐意加入精锐部队，哪怕这些部队的伤亡率远高于普通部队。以色列国防军的新兵入伍前，首先要经过一段时间的思想政治教育，以使其认识到自己肩上将要承担的责任——保卫国家，不再使同胞们过从前那种苦难屈辱的生活。而新兵入伍后，要先接受系统的思想教育。民族主义和爱国主义是思想教育的重中之重，一方面通过展览等形式让他们了解有关以色列国防军的情况介绍；另一方面，通过聆听有多年实践经验的军官所主讲的讲座来学习如何遵守军队的组织纪律。这两项通过后，新兵才会被分配到各部队。

精神饱满的以色列国防军士兵

手持突击步枪的以色列国防军女兵

1.2.3 正确看待服从和民主

👉 服从是军人的天职

军队的性质及任务决定了军人必须服从命令。军队是保卫国家安全、主权领土完整的武装集团，服从命令是完成任务的首要保障。服从是对军人最基本的要求。无论是什么时期，无论是哪个国家，军人都以服从命令为天职。一支军队，若在战术上失败，并不是无可挽回的事情，而在战略上一旦失败，则军队和国家都有可能陷入动荡甚至灭亡的境地。要保证军队不在战略上出现错误，完全取决于军队的单兵素质。而军队的单兵素质，不仅是熟练掌握各种武器装备，更要有服从命令的意识。

"服从命令是军人的天职"，这是一种约定俗成的说法。其中隐含的意思是"军队作为一个高度正规化、组织化、纪律化的武装集团，严格的纪律或规章制度、条令是维系和增强这个集团战斗力、凝聚力的重要基础"。

服从体现了全局和士兵个人的关系。只有服从才能使每位士兵之间形成最大的合力，保证军队或基层单位的全局利益。只有服从才能使团队产生强大的凝聚力，向着同一个方向前进，进而产生强大的战斗力，有利于各项任务的完成。服从于共同的任务和目标时，在共同完成任务的过程中每位士兵都会感到个人力量的有限，深感团结协作的重要性。没有规矩不成方圆，服从也是不犯错误或少犯错误的保证。

服从体现了强有力的自我控制，在上级命令与士兵自己的想法不一致时，要克制自己、服从命令。只有坚强的士兵才能为了中心任务，暂时忘我而服从大局。服从体现了铁的纪律，铸造了军人的独特形象和部队强大的向心力和战斗力。军人在执行命令时可能出现不理解的情况，因为他可能不理解上级的通盘考虑，但不理解也要去执行，以免贻误战机。服从意味着竭尽全力达到命令所要求的结果。

美国西点军校有一个由来已久的传统，不管何时遇到长官问话，新生只能有四种回答。除了四个"标准答案"之外，若有额外字句，长官立刻会问："你的四个回答是什么？"这时新生只能回答："'报告长官，是''报告长官，不是''报告长官，没有任何借口''报告长官，我不知道'。"这种要求是让新生学会忍受不公平，因为人生并不是永远公平的。习惯于服从，就能使人养成无论遭遇什么环境都能恪尽职守的习惯。

训练中的西点军校新生

服从与民主的关系

与其他群体人际关系不同，官兵人际关系具有严密的组织系统和铁一般的纪律。官兵之间的交往和活动，都建立在这一基础之上。官兵之间大量的交往活动是上下级之间的交往，这种交往既体现民主和平等，也体现集中和服从，因而官兵的人际交往无不打上服从的烙印。从这一意义上说，没有服从，就不能产生正确和积极的官兵人际关系。在部队内部，士兵必须服从班长，下级必须服从上级，这是军队的纪律，也是军队夺取胜利、完成各项任务的保证。

官兵人际关系的服从性与平等性并不是相互对立的。服从性主要体现在工作关系上，是正式组织意义上的等级关系，是非情感性的；平等性是就人格和态度而言的，包括政治上的平等和情感上的相容。士兵要听从军官指挥，向军官学习；下级要服从上级，接受上级的指导。但是这种服从不是被动的。士兵和下级只有感到政治上与军官和上级完全平等，在人格上受到尊重，才会自觉服从命令、听从指挥。军官和上级热情、关怀、支持的态度，能获得士兵和下级的好感、拥护和合作；军官、上级对士兵、下级缺乏情感，相互之间只存在领导与被领导、发号施令与唯命是从的关系，则不利于官兵良好人际关系的建立和发展。

毫无疑问，军令如山、令行禁止是世界上任何一支军队高度组织性、纪律性的充分体现，每位军人都应以遵守纪律、服从命令为天职，否则部队就会成为一盘散沙。但是高度服从并不等于绝对服从，更不等于抛弃民主，服从命令和发扬民主是相辅相成的关系。对于正确的命令，军人应当无条件、不折不扣地执行；对于不正确、不合理的命令，就应在充分发扬民主的基础上，提出意见和建议，以确保服从命令的科学性、可行性。

盲从是军人行为的大忌。不明是非地消极顺应和执行不合理的命令就是盲目服从。这样毫无原则地听从权威的命令，是极端的行为，经常会带来严重的后果。小则导致个人没有必要的受伤牺牲，大则损害整个军队的行为而导致失利。

如前所述，美国西点军校一直很看重学员的服从性。自建校以来，西点军校在其严明的校训、军规中都写着要"无条件执行、工作无借口"，但却很少有人知道，近些年来，"拒绝服从不正当命令"成为西点军校的一门道

第1章 单兵作战概述

德哲学必修课。

西点军校为什么把"拒绝服从不正当命令"纳入道德哲学必修课呢？这是西点军校基于许多沉痛的历史教训所作出的改变。例如，1992年东德和西德统一后，著名的"柏林围墙守卫案"在柏林法庭开审。法庭上，4名曾经的柏林墙东德守卫接受审判。辩护律师声称，这些年轻的士兵是执行命令的人，他们根本没有选择的权利。然而这一辩护并没有得到法官的认可，因为类似的辩护已有先例。早在二战后的纽伦堡审判法西斯战犯时，各国政府就达成共识：不道德的行为，不能借口他们是奉政府的命令干出来的而求得宽恕。任何人都不能以服从命令为借口而超越一定的道德伦理界限。

正是基于这类沉痛的历史教训，西点军校才把"拒绝服从不正当命令"纳入其道德哲学必修课。也就是说，当命令与良知发生冲突，身为军人的西点军校毕业生们理应选择的是后者。事实上，美军军人法典也明确规定，上级军官下达的命令必须是合法的；不合法的命令，美国军人有义务拒绝执行。军人不是服从权力为己任的机器，应该有根据自己的价值观判断不执行命令的权利。军人不能丧失应该对自己的行为负责的意识，不能违背人类文明、人类道德底线和人类良知。军人最终也要为人民负责，以人民利益为根本。因此，军人要有勇于怀疑和拒绝执行明显不正确的命令的胆识。

西点军校毕业典礼

1.3 认识信息化战争

1.3.1 信息化战争的定义

进入 21 世纪,高技术的迅猛发展和广泛应用,推动了武器装备的发展和作战方式的演变,促进了军事理论的创新和编制体制的变革,由此引发新的军事革命。信息化战争最终将取代机械化战争,成为未来战争的基本形态。

信息化战争是一种充分利用并依赖信息资源的战争形态,是指在信息技术高度发展以及信息时代核威慑条件下,交战双方以信息化军队为主要作战力量,在陆、海、空、天、电等全维空间展开的多军兵种一体化的战争。

信息化战争与以往战争最大的不同点,就在于信息的地位和作用发生了变化。信息作为一种新型资源,改变了物质和能量的作用方式,进而改变了作战制胜机理,无可争议地成为生成战斗力的新的主导资源。虽然信息化战争不会改变战争的本质,但是战争指导者必须考虑到战争的结局和后果,在战略指导上首先追求如何实现"不战而屈人之兵"的全胜战略,那种以大规模物理性破坏为代价的传统战争必将受到极大的约束和限制。

信息化战争依托网络化信息系统,大量运用具有信息技术、新材料技术、新能源技术、生物技术、航天技术、海洋技术等当代高新技术水平的武器装备,并采取相应的作战方法。信息化战争中的信息是指一切与敌我双方军队、武器和作战有关的事实、过程、状态和方式直接或间接地被特定系统所接收和理解的内容。

就对信息(数量和质量)的依赖程度而言,过去的任何战争都不及信息化战争。在传统战争中,交战双方更注重在物质力量基础上的综合较量。如

第 1 章　单兵作战概述

机械化战争，主要表现为钢铁的较量，是整个国家机器大工业生产能力的全面竞赛。信息化战争并不排斥物质力量的较量，但更主要的是知识的较量，是创新能力和创新速度的竞赛。知识将成为战争毁灭力的主要来源，"计算机中 1 盎司硅产生的效应也许比 1 吨铀还大"。

火力、机动、信息，是构成现代军队作战能力的重要内容，而信息能力已成为衡量作战能力高低的首要标志。信息能力，表现在信息获取、处理、传输、利用和对抗等方面，通过信息优势的争夺和控制加以体现。信息优势，实质就是在了解敌方的同时阻止敌方了解己方情况，是一种动态对抗过程。它已成为争夺制空权、制海权、陆地控制权的前提，直接影响着整个战争的进程和结局。当然，人永远是信息化战争的主宰者。战争的筹划和组织指挥已从完全以人为主发展到日益依赖技术手段的人机结合，对军人素质的要求也更高。从信息优势的争夺到最终转化为决策优势，更多的是知识和智慧的竞争。

全副武装的捷克陆军士兵

全副武装的西班牙陆军士兵

全副武装的澳大利亚陆军士兵

装备 IdZ 单兵作战系统的德国国防军士兵

1.3.2 | 信息化战争的特征

☞ 战争可控性强

　　战争是政治的延续。所有的政治家都希望战争按自己的设计进行，但以往的战争缺乏可控性。往往是战争机器一经运转，就不以人的意志为转移，战争的进程和规模难以控制。而信息化时代的高技术武器装备，使战争具有一定的可控性，主要表现在以下三个方面。

　　（1）能有效控制打击目的。随着精确制导武器的出现，精确打击逐渐取代"地毯式"的狂轰滥炸成为战争的最主要打击方式。依靠精确制导武器的高命中精度，以前需要多次轰炸才能完成的作战任务，现在只要一两次攻击就可以达到目的，可以有效避免波及周边非军事目标。

　　（2）能有效控制战争的规模。信息化战争中，高技术武器装备精度高、威力大、作战效能倍增，为了完成一个作战任务无须再像以往那样投入大量

第1章 单兵作战概述

的兵力和武器装备,可以有效控制战争规模;另外,精确制导武器的高命中精度,可以在一定程度上避免在战争中殃及非打击目标,可以有效避免战火外延和战争升级。

(3)能有效控制战争的进程。由于作战兵器侦察范围广、打击距离远,信息化战争不再像以往战争那样,从战场的前沿到纵深逐次进行,高技术武器已经能够通过对纵深重要目标的打击,直接达成战略目的,这样也就避免了战争久拖不决,缩短了战争的进程,使战争能按计划如期结束。

美国MGM-140陆军战术导弹正在发射

战场空间广阔

就战场的空间形态而言,高技术武器装备在战争中广泛使用,使战争的直接交战空间逐步缩小,而战争的相关空间在不断扩大。高技术条件下的局部战争呈现出高立体、大纵深的特点,作战空间空前增大,主要表现在以下三个方面。

(1)从区域战场向全球战场延伸。信息化战争中,高技术武器装备的射程和航程增大,武器装备的远距离作战能力空前提高,洲际导弹的射程可以达到1万千米,美国和俄罗斯等国的战略轰炸机的航程也超过1万千米。虽然一场局部战争交战双方的实际接触面积很小,但世界的任何一个角落都有可能成为战场的一部分。

(2)从空中战场向太空战场延伸。1903年美国莱特兄弟发明了飞机,从此打开了空战的大门。1957年,苏联发射了第一颗人造卫星,人类又开始把战争的触角伸向了遥远的太空。在21世纪的几场局部战争中,军事卫星已经发挥了巨大威力。目前,太空已经成为军事争夺最激烈的领域,军事强国都把控制太空看作赢得未来战争的必要条件。

(3)从有形战场向无形战场延伸。随着各种电子技术在武器装备中的应用,电子战开始走上战争的舞台。电子战是交战双方利用电子技术设备进行的电磁领域的斗争,它以电子侦察和反侦察、电子干扰和反干扰、电子摧毁和反摧毁为基本内容,其目的是削弱、破坏对方电子设备的正常工作,使其通信中断、指挥瘫痪、武器失控、雷达致盲。

美国B-2"幽灵"战略轰炸机

俄罗斯RT-2PM2"白杨M"洲际弹道导弹

第 1 章 单兵作战概述

系统对抗突出

军事对抗从来就是一种系统对抗。在信息化战争中,系统对抗表现得更加突出。随着高科技的发展,武器系统"一矛一盾"相互制约的状况已经被"多矛多盾"相互制约的新特点所代替。只有多种力量综合使用、各军各兵种密切协同、各种武器系统优势互补,才能发挥整体威力,取得"$1+1>2$"的系统效应。

任何一种高技术武器装备,如果没有其他武器装备的配合,无论它的技术多么先进,都无法完成作战任务。一种高技术武器要充分发挥作战效能,不仅取决于战斗部的杀伤威力,而且还取决于情报系统、指挥控制系统、通信系统、信息处理系统、机动系统、防护系统等各个子系统的共同作用。

美军在阿富汗战争中,将多种侦察、预警手段构成的立体感知系统和由各军兵种、各作战单位的各种作战平台组成的火力打击系统,经信息处理网络和数据链系统相连接,高度融合、相辅相成,形成了全程实时感知与远程精确打击有机结合的战场系统,基本做到三军作战联合化、武器装备系统化、信息处理网络化、战场察打一体化。

美国陆军士兵在阿富汗作战

单兵作战指南

作战消耗巨大

从作战保障角度看,信息化战争呈现出消耗巨大的特点,主要原因有以下三方面。

(1)武器装备费用上升。由于武器装备日益向自动化、智能化、集约化方向发展,一件先进的武器装备,往往集中了大量的科学研究成果,研制难度大、周期长、风险高。因此,研究生产高技术武器装备的费用和购置高技术武器装备的投入明显增加。

(2)人员培训费用增加。高技术武器装备在操纵使用、维护保养、灵活运用和作战协同等方面日益复杂,需要高素质的军人来驾驭。正因如此,现在世界各国都非常重视军队人才的培养,使军人的文化素质不断提高。

(3)战场物资消耗增多。信息化战争也是高能耗战争,综观二战后的几次局部战争,随着战争的高技术性日趋明显,其消耗也日益增多。以单兵每天平均消耗物资为例,二战时为20千克,越南战争时为90千克,海湾战争时已经达到200千克。据统计,在海湾战争期间,美军各类物资的消耗超过3000万吨,几乎等于上千万人的苏联军队在苏德战争中物资消耗总量(6600万吨)的一半。多国部队在战争中总共花掉600多亿美元,这个数字超过了世界上绝大多数国家一年的国民生产总值,就连美国也无力独自支付这笔费用。在未来的战争中,物资消耗还将大幅增加,没有雄厚的经济基础和有力的综合保障是无法承受的。

美国陆军士兵在前线作战

双方实力不均衡

随着战争技术含量特别是高技术含量日益提高,各国经济技术发展水平的不平衡使各国军事技术发展差距日益拉大,甚至出现技术上的"代差"。强的一方更加重视发展自己的技术优势,弱的一方也力争从技术外寻找出路。因而,非对称作战日益成为作战双方的选择。美国对阿富汗实施的军事打击

第1章 单兵作战概述

就是一场典型的非对称作战。美军拥有人员和军事技术、武器装备的全面优势,在战争中投入了"全球鹰"无人机、"捕食者"无人机、BLU-118B 热压炸弹、联合直接攻击弹药等先进武器装备。相比之下,阿富汗塔利班组织只是由一些在简单的单兵武器系统的基础上组织起来的群体,其实力根本无法与拥有绝对优势的美军对抗。

美国 MQ-1 "捕食者" 无人机在高空飞行

作战样式多样化

历史表明,技术决定战术,有什么样的军事技术,就会有什么样的作战方式,军事技术的进步和武器装备的变革必然推动作战样式的变化。信息化战争中,随着大批高技术武器装备的广泛应用,出现了各种各样的作战方式:导弹袭击式的精确战、外科手术式的点穴战、破坏结构式的瘫痪战、非致命式的软杀战、陆海空天电一体式的全维战,此外,还有环境战、太空战、心理战等。

指挥控制自动化

二战后,由于武器装备构造日益复杂,参战兵种不断增加,战场日益扩大,战场情况瞬息万变,军事信息量空前增大,作战指挥难度不断增大,在极短的时间内,要对多种作战力量、多种作战方式实施有效指挥,发挥整体威力,没有高度自动化的指挥手段,很难完成作战任务。在这样的要求下,现代科学技术的发展,特别是侦察技术、通信技术和计算机技术的发展,促进了军队自动化指挥系统的建立,把军队的指挥、控制、通信和情报连为一体,使军队自动化得以建立。

美国陆军演习时的临时指挥部

第 2 章
单兵作战装备

单兵作战装备是指单个士兵使用的武器装备,传统的单兵作战装备比较简单,一般包括随身携行的武器、弹药、着装和装具。而信息化时代,单兵作战装备在功能上发生了质的飞跃,自身重量上也在不断增大。

2.1 单兵武器

2.1.1 单兵武器概述

单兵武器，顾名思义就是单名士兵就能使用的武器，这里的"使用"包含携行、瞄准、开火三个方面。单兵武器的重量、体积、后坐力必须可以由一名或多名士兵承受。士兵是军队的基本组成部分，士兵的战斗力决定着一支军队的战斗力。因此，单兵武器性能越优秀，功能越齐全，士兵的战斗力和生存能力就会越高。

在现代战争中，主战坦克、战斗机、潜艇、火炮和导弹等重型武器是决定战争进程和结果的关键装备，但是短兵相接的近战仍然会存在，就算是信息化战争中也不例外。因此，单兵使用的近战武器仍然是现代军队不可缺少的重要装备。现代军队使用的单兵武器主要分为枪械、爆破武器和冷兵器三大类。枪械包括突击步枪、狙击步枪、卡宾枪、手枪、冲锋枪、轻机枪、通用机枪、霰弹枪等。爆破武器包括手榴弹、地雷、榴弹发射器、便携式导弹、反坦克火箭筒等。冷兵器包括匕首、刀、弩、斧、铲等。值得一提的是，虽然冷兵器在热兵器时代已经不是主要作战武器，但因其具有隐蔽性、便携性和多功能性，所以仍然在特种作战中发挥着重要作用。

在单兵武器中，枪械是品种最多、数量最大、适应性最强的一种，在军事史上也曾发挥过重要的作用。枪械是步兵的主要武器，也是其他兵种的辅助武器，主要用于打击无防护或弱防护的有生力量。战场上只要有步兵的存在，单兵武器的代表——枪械就不会消失。因此，世界各国仍在积极地研制和装备新型枪械，尤其是美国、俄罗斯、英国、意大利、德国和奥地利等枪械生产大国，它们生产的枪械种类更多，功能也更齐全。

第 2 章 单兵作战装备

手持 M16 突击步枪的美国陆军士兵

手持 M110 狙击步枪的美国陆军士兵

美国海军陆战队士兵正在练习投掷 M67 型手榴弹

日本陆上自卫队士兵正在练习布设 M18 "阔刀" 反步兵地雷

澳大利亚士兵正在进行刺刀训练

2.1.2 | 枪械

步枪

步枪是单兵肩射的长管枪械,主要用于发射步枪弹杀伤暴露的有生目标,也可用刺刀、枪托格斗,有的步枪还可发射枪榴弹,具有点面杀伤和反装甲能力。步枪是现代步兵的基本武器装备,按自动化程度,可分为手动步枪、半自动步枪和全自动步枪,现代步枪多为自动步枪;按使用的枪弹,可分为大威力枪弹步枪、中间型威力枪弹步枪及小口径枪弹步枪;按用途,可分为普通步枪、卡宾枪、突击步枪和狙击步枪。卡宾枪的枪管比普通步枪短,子弹初速略低、射程略近。突击步枪是具有冲锋枪的猛烈火力和接近普通步枪射击威力的自动步枪,其特点是射速较高、射击稳定、后坐力适中、枪身短小轻便。狙击步枪是一种特制的高精度步枪,一般为半自动或手动操作,多数配有光学瞄准镜,有的还带有两脚架,装备狙击手,主要用于射击敌方的重要目标。

海外各国军队主要现役的步枪					
名称	原产国	口径	全长	枪管长	重量
M16 突击步枪	美国	5.56 毫米	986 毫米	508 毫米	3.1 千克
M82 狙击步枪	美国	12.7 毫米	1219 毫米	508 毫米	14 千克
M40 狙击步枪	美国	7.62 毫米	1117 毫米	610 毫米	6.57 千克
M110 狙击步枪	美国	7.62 毫米	1029 毫米	508 毫米	6.91 千克
TAC-50 狙击步枪	美国	12.7 毫米	1448 毫米	736 毫米	11.8 千克
M4 卡宾枪	美国	5.56 毫米	840 毫米	370 毫米	6.5 千克
AK-74 突击步枪	俄罗斯	5.45 毫米	943 毫米	415 毫米	3.3 千克
AK-12 突击步枪	俄罗斯	5.45 毫米	945 毫米	415 毫米	3.3 千克
SVD 狙击步枪	俄罗斯	7.62 毫米	1225 毫米	620 毫米	4.3 千克
VSS 狙击步枪	俄罗斯	9 毫米	894 毫米	200 毫米	2.6 千克
SV-98 狙击步枪	俄罗斯	7.62 毫米	1200 毫米	650 毫米	5.8 千克
SA80 突击步枪	英国	5.56 毫米	785 毫米	518 毫米	3.8 千克

（续表）

海外各国军队主要现役的步枪					
名称	原产国	口径	全长	枪管长	重量
AW 狙击步枪	英国	7.62 毫米	1180 毫米	660 毫米	6.5 千克
FAMAS 突击步枪	法国	5.56 毫米	757 毫米	488 毫米	3.8 千克
FR-F2 狙击步枪	法国	7.62 毫米	1200 毫米	650 毫米	5.3 千克
HK G36 突击步枪	德国	5.56 毫米	999 毫米	480 毫米	3.63 千克
HK416 突击步枪	德国	5.56 毫米	797 毫米	264 毫米	3.02 千克
MSG90 狙击步枪	德国	7.62 毫米	1165 毫米	600 毫米	6.4 千克
AR70/90 突击步枪	意大利	5.56 毫米	998 毫米	450 毫米	4.07 千克
AUG 突击步枪	奥地利	5.56 毫米	790 毫米	508 毫米	3.6 千克
SIG SG550 突击步枪	瑞士	5.56 毫米	998 毫米	528 毫米	4.05 千克
FN FAL 自动步枪	比利时	7.62 毫米	1090 毫米	533 毫米	4.25 千克
Galil 突击步枪	以色列	7.62 毫米	1112 毫米	509 毫米	7.65 千克
CZ-805 突击步枪	捷克	5.56 毫米	910 毫米	360 毫米	3.6 千克

M16 突击步枪

M82 狙击步枪

M40 狙击步枪

M110 狙击步枪

TAC-50 狙击步枪

M4 卡宾枪

AK-74 突击步枪

第 2 章 单兵作战装备

AK-12 突击步枪

SVD 狙击步枪

VSS 狙击步枪

SV-98 狙击步枪

SA80 突击步枪

AW 狙击步枪

FAMAS 突击步枪

FR-F2 狙击步枪

HK G36 突击步枪

第 2 章　单兵作战装备

HK416 突击步枪

MSG90 狙击步枪

AR70/90 突击步枪

AUG 突击步枪

SIG SG550 突击步枪

FN FAL 自动步枪

Galil 突击步枪

CZ-805 突击步枪

第 2 章 单兵作战装备

手枪

　　手枪是一种单手握持瞄准射击或本能射击的短枪管武器,具有短小轻便、携带安全、能突然开火等特点,通常被指挥员和特种兵随身携带,用于在近距离内自卫和突然袭击敌人。现代手枪主要有左轮手枪、半自动手枪、全自动手枪三种类型。手枪的有效杀伤距离约 50 米,发射专用的手枪弹。目前,世界各国军队大多数装备 9 毫米口径的手枪,少量的是 7.65 毫米、7.62 毫米和 11.43 毫米口径。

海外各国军队主要现役的手枪					
名称	原产国	口径	全长	枪管长	重量
M1911 半自动手枪	美国	11.43 毫米	210 毫米	127 毫米	1105 克
M9 半自动手枪	美国	9 毫米	217 毫米	125 毫米	970 克
PM 半自动手枪	俄罗斯	9 毫米	162 毫米	94 毫米	730 克
GSh-18 半自动手枪	俄罗斯	9 毫米	184 毫米	103 毫米	470 克
MP-443 半自动手枪	俄罗斯	9 毫米	198 毫米	113 毫米	950 克
HK USP 半自动手枪	德国	9 毫米	194 毫米	108 毫米	748 克
P99 半自动手枪	德国	9 毫米	180 毫米	102 毫米	710 克
Beretta 92S 半自动手枪	意大利	9 毫米	217 毫米	125 毫米	970 克
Glock 17 半自动手枪	奥地利	9 毫米	202 毫米	114 毫米	625 克
SIG P226 半自动手枪	瑞士	9 毫米	196 毫米	112 毫米	964 克
FN 57 半自动手枪	比利时	5.7 毫米	208 毫米	122 毫米	617 克

M1911 半自动手枪　　　　　　　　M9 半自动手枪

单兵作战指南

（续表）

PM 半自动手枪

GSh-18 半自动手枪

MP-443 半自动手枪

HK USP 半自动手枪

P99 半自动手枪

Beretta 92S 半自动手枪

第 2 章 单兵作战装备

Glock 17 半自动手枪

SIG P226 半自动手枪　　　　　　FN 57 半自动手枪

冲锋枪

冲锋枪是指双手持握、发射手枪弹的单兵连发枪械,它是介于手枪和机枪之间的武器,比步枪短小轻便,便于突然开火,具有射速高、火力猛的优点,适于近战和冲锋时使用,在 200 米内具有良好的作战效能。冲锋枪的结构较为简单,枪管较短,采用容弹量较大的弹匣供弹,战斗射速单发为 40 发 / 分,长点射时为 100～120 发/分。冲锋枪大多设有小握把，枪托一般可伸缩和折叠。对于步兵、伞兵、侦察兵、边防部队及警卫部队等来说，冲锋枪是一种不可或缺的个人自卫和战斗武器。从国外单兵武器发展势头来看，常规冲锋枪正被小口径突击步枪所取代，而微型冲锋枪、轻型冲锋枪、微声冲锋枪等仍有生命力。

海外各国军队主要现役的冲锋枪					
名称	原产国	口径	全长	枪管长	重量
KEDR 冲锋枪	俄罗斯	9 毫米	530 毫米	120 毫米	1.57 千克
HK MP5 冲锋枪	德国	9 毫米	680 毫米	225 毫米	2.54 千克
HK MP7 冲锋枪	德国	4.6 毫米	638 毫米	180 毫米	2.1 千克
Beretta M12 冲锋枪	意大利	9 毫米	660 毫米	180 毫米	3.48 千克
FN P90 冲锋枪	比利时	5.7 毫米	500 毫米	263 毫米	2.54 千克
UZI 冲锋枪	以色列	9 毫米	650 毫米	260 毫米	3.5 千克

KEDR 冲锋枪

第 2 章 单兵作战装备

HK MP5 冲锋枪

HK MP7 冲锋枪

Beretta M12 冲锋枪

FN P90 冲锋枪

UZI 冲锋枪

第 2 章 单兵作战装备

🔫 机枪

机枪是利用子弹后坐力或者其他力量驱动,可以维持连续自动射击的枪械。为了满足连续射击的稳定需要,机枪通常安装在脚架或者固定枪座上,发射步枪弹或者更大口径(12.7 毫米、14.5 毫米)的弹药,以连射、长点射击为主要射击方式,透过密集的弹雨压制敌方火力点或者掩护己方进攻,摧毁敌方的轻装甲车辆和低空飞行的空中目标等。机枪通常被分为轻机枪、重机枪、通用机枪等,也可根据装备对象分为野战机枪、车载机枪、航空机枪以及舰用机枪。其中轻机枪的重量较轻,携行方便,可卧姿抵肩射击,也可以立姿或行进间射击,战斗射速为 80~150 发/分,有效射程为 500~800 米;通用机枪又称轻重两用机枪,是一种可由单兵携带、气冷设计、弹链供弹、可快速更换枪管、附有两脚架也可装在三脚架上或车辆上的机枪。通用机枪既具有重机枪射程远、威力大、连续射击时间长的优势,又兼具轻机枪携带方便、使用灵活的优点。

海外各国军队主要现役的机枪(轻机枪和通用机枪)					
名称	原产国	口径	全长	枪管长	重量
M60 通用机枪	美国	7.62 毫米	1105 毫米	560 毫米	12 千克
M249 轻机枪	美国	5.56 毫米	1041 毫米	521 毫米	7.5 千克
RPK 轻机枪	俄罗斯	7.62 毫米	1040 毫米	590 毫米	4.8 千克
FN Minimi 轻机枪	比利时	5.56 毫米	1038 毫米	465 毫米	7.1 千克
FN MAG 通用机枪	比利时	7.62 毫米	1263 毫米	630 毫米	12.5 千克
Negev 轻机枪	以色列	5.56 毫米	1020 毫米	460 毫米	7.5 千克

M60 通用机枪

M249 轻机枪

RPK 轻机枪

FN Minimi 轻机枪

第 2 章　单兵作战装备

FN MAG 通用机枪

Negev 轻机枪

霰弹枪

霰弹枪是指无膛线（滑膛）并以发射霰弹为主的枪械，有些霰弹枪为了精准度（发射独头弹时）会更换有膛线的枪管。霰弹枪的外观和尺寸与步枪相似，但明显区别是枪管更粗大，口径一般达到了 18.53 毫米（12 号）。霰弹枪是近战的高效武器，其火力大、杀伤面宽，特别适合特种部队、守备部队、巡逻部队和反恐部队使用。

海外各国军队主要现役的霰弹枪					
名称	原产国	口径	全长	枪管长	重量
M870 霰弹枪	美国	18.53 毫米	1280 毫米	760 毫米	3.6 千克
AA-12 霰弹枪	美国	18.53 毫米	991 毫米	457 毫米	5.2 千克
M4 Super 90 霰弹枪	意大利	18.53 毫米	885 毫米	470 毫米	3.82 千克
USAS-12 霰弹枪	韩国	18.53 毫米	960 毫米	460 毫米	5.5 千克

M870 霰弹枪

AA-12 霰弹枪

M4 Super 90 霰弹枪

USAS-12 霰弹枪

2.1.3 | 爆破武器

爆破武器是指利用含有爆炸物的弹药进行攻击的武器，通常使用武器发射或投掷等方式接近目标。它既能杀伤有生目标，又能破坏坦克和装甲车辆。现代军队中供单兵使用的爆破武器包括手榴弹、地雷、榴弹发射器、便携式导弹、反坦克火箭筒等。

手榴弹

手榴弹是一种用手投掷的弹药，因 17 世纪到 18 世纪欧洲的榴弹外形和碎片分别像石榴和石榴子，故得此名。尽管现代手榴弹的外形有的是柱形，有的还带有手柄，其内部也很少装有石榴子样弹丸，但仍沿用了手榴弹的名称。手榴弹既能杀伤有生目标，又能破坏坦克和装甲车辆。手榴弹由于体积小、质量小，携带、使用方便，曾在历次战争中发挥过重要作用。随着科学技术的发展以及作战思想的改变，手榴弹的地位尽管不如两次世界大战时那样突出，但作为步兵近距离作战的主要装备之一，在现代战争条件下仍具有重要的使用价值。

手榴弹一般由弹体、引信两部分组成。现代手榴弹不仅可以手投，同时还可以用枪发射。按用途，手榴弹可分为杀伤、反坦克、燃烧、发烟、照明、防暴手榴弹以及演习和训练手榴弹，杀伤手榴弹又可分为防御（破片）型和进攻（爆破）型两种；按抛射方式，手榴弹可分为两用（手投、枪发射或布设）、三用（手投、枪发射和榴弹发射器发射或布设）、多用等。目前，世界各国军队几乎都装备和使用手榴弹，只是装备的品种、数量以及装备的对象有所不同。

海外各国军队主要现役的手榴弹						
名称	原产国	直径	长度	总重量	装药重量
M57 型手榴弹	美国	57 毫米	99 毫米	454 克	164 克
M67 型手榴弹	美国	64 毫米	90 毫米	397 克	180 克
RGN 型手榴弹	俄罗斯	60 毫米	113 毫米	290 克	97 克
RGO 型手榴弹	俄罗斯	60 毫米	114 毫米	530 克	90 克

单兵作战指南

M57 型手榴弹

M67 型手榴弹

RGN 型手榴弹

RGO 型手榴弹

地雷

地雷是一种放置或埋在地下的爆炸物,经常被用来杀伤经过的敌方人员或车辆,是一种被动型的陆战武器。地雷是一种便于制造、廉价高效的武器,可以方便地布置在很大的范围内,以阻止敌人前进。地雷一般由人工埋设,

第 2 章　单兵作战装备

但也有机械化布雷装置,可以按照特定的间隔,挖地埋雷。地雷通常成群排布,称为地雷阵,目的在于防止或迫使敌人穿越特定地区。另外,也可用地雷拖住敌人,直到增援部队到来。布雷速度快、容易,成本也很低。相反,扫雷不但成本较高,而且难度大,所需时间长,也非常危险。

地雷主要分为两类:一是杀伤人员的反步兵地雷;二是破坏车辆的反坦克地雷。反步兵地雷通常由人员的脚造成的压力引爆,但也有以线索引爆的诡雷。反坦克雷通常可以被磁力引爆,最先进的反坦克地雷能够分辨敌我。有些地雷同时会被倾侧或由按压所引爆,以增加敌方扫雷的难度。

海外各国军队主要现役的地雷				
名称	原产国	长度(直径)	总重量	装药重量
M18 "阔刀" 反步兵地雷	美国	216 毫米	1600 克	680 克
M14 反人员地雷	美国	56 毫米	100 克	29 克
M15 反坦克地雷	美国	333 毫米	1430 克	1030 克
MON-200 反人员地雷	俄罗斯	434 毫米	2500 克	1200 克

M14 反人员地雷

M18 "阔刀" 反步兵地雷

M15 反坦克地雷

MON-200 反人员地雷

单兵作战指南

榴弹发射器

榴弹发射器是一种发射小型榴弹的轻武器，因其体积小、火力猛，有较强的面杀伤威力和一定的破甲能力，主要用于毁伤开阔地带和掩蔽工事内的有生目标及轻装甲目标，为步兵提供火力支援。榴弹发射器集枪炮的低伸弹道和迫击炮的弯曲弹道于一体，可对掩蔽物后（如山丘背后）的目标进行超越射击，也可对近距离目标进行直接射击。榴弹发射器使用的弹种较多，主要有杀伤弹、杀伤破甲弹、榴霰弹以及发烟弹、照明弹、信号弹、教练弹等。

榴弹发射器的发射原理分为三类，即常规发射原理、高低压发射原理和瞬时高压原理。常规发射原理，也称为高压原理，其原理与枪炮相同，发射药直接装在药筒内，击发后火药气体推动弹丸运动做功。此类弹药结构简单、技术成熟，但膛压高、后坐力大，发射痕迹明显。高低压发射原理是一种高压燃烧、低压膨胀做功的发射原理，其突出特点是火药利用率高、装药燃烧完全、膛压低、后坐力小、噪声低。瞬时高压原理，也称弹射原理，发射时无声、无光、无烟，具有良好的隐蔽性。

按发射方式，榴弹发射器可分为单发榴弹发射器、手动榴弹发射器、转轮榴弹发射器、半自动榴弹发射器、全自动型榴弹发射器等。单发榴弹发射器是采用单发式设计的榴弹发射器，可分为肩射型和附加型两种。这类榴弹发射器需要预先装填和手动退壳，没有供弹具，因结构简单、本体轻便而成为主流的榴弹发射器。手动榴弹发射器是采用手动枪机设计的榴弹发射器，需要手动上膛，通常安装有管状弹仓或弹匣。转轮榴弹发射器使用和左轮手枪类似的转轮原理，但弹巢由发条装置（不由扳机）带动旋转而（榴弹）逐个击发。半自动榴弹发射器为自动装填及退壳、单发射击的榴弹发射器，通常以弹匣为供弹具。全自动型榴弹发射器也称榴弹机枪，与机枪、自动步枪等武器类似，利用火药燃气做功实现自动连续发射。通常采用弹鼓或弹链供弹，配属步兵时一般使用三脚架，也常见架设于各种战斗车辆和直升机以及内河巡逻艇上作为支援火力。

第2章 单兵作战装备

海外各国军队主要现役榴弹发射器(单兵型)					
名称	原产国	口径	全长	枪管长	重量
M203 榴弹发射器	美国	40 毫米	380 毫米	305 毫米	1.36 千克
M320 榴弹发射器	美国	40 毫米	285 毫米	215 毫米	1.27 千克
GP-25 榴弹发射器	俄罗斯	40 毫米	323 毫米	120 毫米	1.5 千克
RG-6 榴弹发射器	俄罗斯	40 毫米	690 毫米	145 毫米	6.2 千克
HK AG36 榴弹发射器	德国	40 毫米	350 毫米	280 毫米	1.5 千克
GL-06 榴弹发射器	瑞士	40 毫米	590 毫米	280 毫米	2.05 千克

M203 榴弹发射器

M320 榴弹发射器

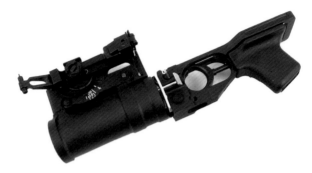

GP-25 榴弹发射器

RG-6 榴弹发射器

HK AG36 榴弹发射器

GL-06 榴弹发射器

第 2 章 单兵作战装备

便携式导弹

便携式导弹也称单兵导弹,即由单个士兵携带和使用,用于近距离作战的小型或微型导弹。便携式导弹是一种高新技术武器,具有非常广阔的应用与发展前景。随着科学技术的不断发展,各种高新技术的不断应用,便携式导弹的总体性能也在不断提高。一般来说,便携式导弹武器系统主要由导弹、瞄准控制系统、导引系统和发射装置等部分组成。

便携式导弹主要用于反坦克、反低空目标、防空、攻坚等用途,因而一般分为便携式反坦克导弹、便携式防空导弹和便携式多用途导弹三类。其中便携式防空导弹又称肩射防空导弹,是可由一名士兵独自携带与发射的轻型地对空导弹,通常使用红外制导打击低空飞行的固定翼飞机、直升机及巡航导弹。便携式防空导弹的最大特点就是小、轻、快、猛,无须专用电源车、指挥车和成套的保障设备,便可在敌前沿作战区域内进行隐蔽攻击,因此属于单兵点防空装备。

海外各国军队主要现役的便携式导弹					
名称	原产国	直径	长度	总重量	弹头重量
FIM-92"毒刺"防空导弹	美国	70毫米	1520毫米	15.19千克	3千克
FGM-148"标枪"反坦克导弹	美国	130毫米	1100毫米	22.3千克	8.4千克
"星光"防空导弹	英国	130毫米	1397毫米	14千克	0.9千克
9M131"混血儿M"反坦克导弹	俄罗斯	130毫米	980毫米	13.8千克	4.95千克
"米兰"反坦克导弹	法国	115毫米	1200毫米	7.1千克	2.7千克
MBT LAW反坦克导弹	瑞典	150毫米	1016毫米	12.5千克	3.6千克

FIM-92"毒刺"防空导弹

FGM-148"标枪"反坦克导弹

"星光"防空导弹

9M131"混血儿M"反坦克导弹

"米兰"反坦克导弹

第2章 单兵作战装备

MBT LAW 反坦克导弹

反坦克火箭筒

反坦克火箭筒是一种发射火箭弹的便携式反坦克武器,主要发射火箭破甲弹,也可以发射火箭榴弹或其他火箭弹,用于近距离打击装甲目标、杀伤人员、摧毁工事等。反坦克火箭筒多采用肩扛发射,也可采用跪姿发射或卧姿发射。在形形色色的反坦克武器中,反坦克火箭筒由于其诞生年代早、破甲效能高,加之体积小、重量轻、使用方便,一直被各国军队当作重要的单兵反坦克武器。

反坦克火箭筒由火箭弹和发射筒两部分组成。火箭弹是发挥威力的战斗部,而带瞄准镜的发射筒,则通过士兵的瞄准赋予火箭弹以一定的发射方向。火箭弹是靠火箭发动机推进的非制导弹药,一般由战斗部、引信、火箭发动机和稳定装置等组成。由于弹头靠火箭发动机的反作用力推进,发射筒不承受任何压力和后坐力,自然结构简单、成本低廉,以至于世界各国的反坦克火箭筒大多是一次性使用型,发射筒兼包装筒,发射后即可丢弃,有利于步兵轻装战斗。

海外各国军队主要现役的反坦克火箭筒					
名称	原产国	口径	长度	重量	初速
RPG-7反坦克火箭筒	俄罗斯	40毫米	950毫米	7千克	115米/秒
"十字弓"反坦克火箭筒	德国	67毫米	850毫米	6.3千克	210米/秒
"斗牛士"反坦克火箭筒	以色列	90毫米	1000毫米	8.9千克	250米/秒
AT-4反坦克火箭筒	瑞典	84毫米	1020毫米	6.7千克	290米/秒

单兵作战指南

RPG-7 反坦克火箭筒

"十字弓" 反坦克火箭筒

第 2 章 单兵作战装备

"斗牛士"反坦克火箭筒

AT-4 反坦克火箭筒

2.1.4 | 冷兵器

冷兵器一般指不利用热能打击系统（火药、炸药）、热动力机械系统和现代技术杀伤手段，在战斗中直接杀伤敌人，保护自己的武器装备。火器时代开始后，冷兵器已不是作战的主要兵器，但因具有特殊作用，故一直沿用至今。在现代军队中，仍在大量使用的冷兵器主要有刺刀、战术刀、工具刀、匕首、军斧、军铲等。

刺刀又称枪刺，是装于单兵长管枪械前端的刺杀冷兵器，用于白刃格斗，也可作为战斗作业的辅助工具。刺刀由刀体和刀柄两部分构成。按刀体形状，刺刀可分为片形（刀形或剑形）和棱形（三棱或四棱）两种；按与步枪连接方式，刺刀可分为能从枪上取下装入刀鞘携行的分离式和铰接于枪侧的折叠式。分离式刺刀多呈片形，有的刀背刻有锯齿，并能与金属刀鞘连接构成剪刀，具有多种功能。在现代战争中，刺刀仍可在近战、夜战中发挥一定作用。

战术刀是一种多用途刀，主要用于完成战术任务，刀柄内通常附带野外生存工具。战术刀的发展是因为现代战争需要刀具承担更多任务而产生的，堪称现代战争中的一把利器。

海外各国军队主要现役的冷兵器			
名称	原产国	长度	重量
M9 刺刀	美国	300 毫米	413 克
OKC-3S 刺刀	美国	330 毫米	570 克
Strider BNSS 战术刀	美国	314 毫米	363 克
AKM 刺刀	俄罗斯	290 毫米	450 克
KCB 77 刺刀	德国	310 毫米	300 克
"瑞士冠军"工具刀	瑞士	91 毫米	185 克
G1295 战术铲	奥地利	650 毫米	669 克

第 2 章　单兵作战装备

M9 刺刀

OKC-3S 刺刀

Strider BNSS 战术刀

AKM 刺刀

KCB 77 刺刀

"瑞士冠军"工具刀

G1295 战术铲

第 2 章　单兵作战装备

2.2 防护装具

2.2.1 头部装备

头盔

　　头盔是用于使头部免受伤害的一种单兵防护装备，历来为各国军队所重视。据有关资料分析，战场上的伤亡大多数由弹片所致，而防弹头盔可以有效地减少战场上的伤亡。英国有关部门研究表明，佩戴防弹头盔可减少 5% 的受伤率和 19% 的阵亡率。

　　冷兵器时代，古代士兵的头盔对于刀砍、斧劈、枪刺、箭射等，均有显著的防护作用。17～19 世纪时，由于步枪、手枪等火器的发展，火器的射程和杀伤力大大提高，头盔失去了原有的防护作用，加之头盔本身的笨重和闷热等缺点，各国军队纷纷将头盔淘汰。直到一战爆发，头盔才重新进入军事舞台。1914 年的一天，法军一名炊事兵在遭到德军炮击时把铁锅顶在头上，因此只受了轻伤，而其他很多人都死于猛烈的炮火。法国军队的路易斯·亚德里安将军得知此事后深受启发，他要求部队研制金属制成的头盔。后来，人们将法军的制式头盔称作"亚德里安钢盔"。它是法军的第一种标准头盔，也是现代军用头盔的始祖。

19 世纪日本军人佩戴的头盔

法国亚德里安钢盔

一战后，许多国家的军队纷纷效仿法军，先后生产并列装制式钢盔。最初各国为有所区别和适合本国使用，头盔的样式可谓五花八门，后来德国在总结了法国、英国头盔制造经验的基础上，研制出一种带有特殊护耳的头盔，防护效果极为出色，在当时被公认为是最先进的头盔，直到今天仍有许多国家的新型头盔借鉴了这种德国头盔的设计。

20世纪80年代以前，各国步兵装备的头盔主要

二战时期德国制造的M42钢盔

采用高锰钢或其他特种钢冲压而成，这种头盔较重，防弹和隔热性能差，佩戴不舒适，甚至有二次破片伤人的危险。20世纪80年代，一些发达国家开始研究用高技术纤维替代金属，军用头盔的发展由此进入了一个新的阶段，先后出现了玻璃纤维头盔、锦纶（尼龙）头盔、芳纶头盔、超高分子量聚乙烯头盔等非金属头盔。其中，玻璃纤维头盔和锦纶头盔的总体防弹性能都不高。而美国采用"凯夫拉"超高强度芳香聚酰胺纤维材料制造的芳纶头盔，重量最轻的仅有680克，在同等防弹性能的情况下可比钢盔减轻重量20%以上，而在同等重量的情况下其防弹性能却提高了20%～30%。目前，以美国为首的北约国家均大量装备"凯夫拉"头盔。而超高分子量聚乙烯的强度和模量均高于"凯夫拉"纤维，是目前力学性能最佳的纤维，最近几年开始用于防弹头盔领域，但价格高、复合粘接技术难度大。

目前，世界上最先进的头盔不仅重量轻，而且防护面积大，对头、两鬓、耳、后颈部都有良好的防护作用，并且不妨碍正常战斗动作。这些头盔具有防武器碎片、防子弹直射、防钝击碰撞、防激光、防火耐热、减震降噪、伪装等多种功能，而且随着科学技术的飞速发展和战争的需求，头盔不再仅仅起保护身体的作用，而是集防弹、通信、夜视、瞄准、显示、防毒、防激光等功能于一身，实现头盔的综合化、现代化、电子化。随着科学技术的不断发展，

第 2 章 单兵作战装备

在不久的将来，还可能出现许多功能更完善的新型数字化头盔。这些头盔将集各种高科技于一体，在未来战争中以其独特作用而占有举足轻重的地位。

美国 MICH2000 全护耳型头盔

美国 MICH2002 半护耳型头盔

美国 MICH2001 无护耳型头盔

防毒面具

防毒面具是一种戴在头上，保护士兵的呼吸器官、眼睛和面部，防止毒气、粉尘、细菌或蒸汽等有毒物质伤害的单兵防护器材。滤毒罐作为防毒面具的核心部件，其内部装填的滤毒材料直接影响面具的防护性能。

在 1915 年 4 月 22 日，德军为了扭转不利的战局，出其不意地向英法军队集结的阵地上，施放了大量氯气，这就是世界军事史上首次大规模的毒气战。经此役后蒙受重大损失的英法联军，立即敦促本国政府尽快制造防毒器具。1916 年 2 月下旬，在惨烈的凡尔登战役中，德军又重施故技，在阵地上大放毒气，此时的法军已基本配备了防毒面具，有效抵御了德军的毒气攻击。此后，世界各国陆续开展了防毒面具的研制工作，各种各样的防毒面具相继问世。随着科学技术的快速发展，防毒面具从材质、防毒性能及人员佩戴舒适性方面都有很大改善。

按照滤毒罐和面罩的连接方式，防毒面具可分为直连式和导管式。直连式的面罩可直接与滤毒罐或滤毒盒连接使用。而导管式则使用导气管与滤毒罐和滤毒盒连接使用。按照外观造型，防毒面具可分为全面具和半面具，其中全面具又分为正压式和负压式。一般来说，军用防毒面具都会采用全面具的样式。相对来说体积较大，而民用防毒面具则采用半面具的样式。按照防护原理，防毒面具可分为隔绝式和过滤式。过滤式防毒面具较为常见，主要通过隔绝有毒气体，使用滤毒罐或滤毒原件净化有毒气体。隔绝式防毒面具就是完全隔绝外界，面罩自身供氧，主要在高浓度染毒空气（体积浓度大于1%时）中，或在缺氧的高空、水下或密闭舱室等特殊场合下使用。

瑞士 SM3 军用防毒面具

英国 FM12 军用防毒面具

第 2 章 单兵作战装备

佩戴防毒面具的美国陆军士兵

佩戴防毒面具的英国陆军士兵

2.2.2 | 作战服装

☞ 作战服

　　作战服是军人在作战、训练、劳动和执行军事勤务等特殊环境下穿着的制式服装,有的国家也称为武装服、作训服、作业服、野战服等。其主要特点是轻便耐用，具有良好的防护性能，适应战场活动和平时训练的需要。按类别分，有基本作战服和特种作战服；按保护色分，有单色普通作战服和多色组合迷彩作战服。作战服通常是官兵通用，多采用合成纤维与棉花混纺织物制作，也有的用纯棉织物和经过特殊处理的纯化纤织物制作。

不同样式的美国海军陆战队作战服

与常服和礼服不同，作战服首先考虑的是舒适性、防护性和隐蔽性等实用性能，并不追求外形美观。过去，作战服的主要功能是为士兵抵御雨、雪、风、严寒、酷暑等环境影响，使士兵能行动自如。随着化学、生物、热核等杀伤性更强的武器、小型侦视装备和传感系统的发展，各国军队对作战服的要求显著提高：要能长期暴露于恶劣气候环境和承受严重磨损的场合，拉伸强度和撕破强度高，耐磨损；要能拒水、遮风、挡雪和防虫；要重量轻，穿着方便，热应力小，透气、透湿、散汗和舒适；要能防弹、阻燃，抗化学剂和抗生物剂。

除上述要求外，伪装功能也是各国军队尤为看重的一点，这也是各国军队的作战服大多是迷彩作战服的主要原因。在战争中，只有巧妙地隐蔽自己才能出其不意地杀伤敌人，也只有隐蔽自己才能免遭敌方火力的攻击。迷彩作战服是由绿、黄、茶、黑等颜色组成不规则保护色图案用于伪装的军服。士兵穿着迷彩作战服，可以减小人体与背景在光学、热红外、微波波段等方面的反射或辐射能量差别，能够隐蔽和降低人体的显著性。迷彩作战服不仅能对付肉眼和光学侦察器材的光谱侦察，而且可以降低微波侦察、热红外侦察和多光谱侦察的效果。士兵穿着迷彩作战服能够较好地隐蔽己方的战术企图，大大降低被敌方火力杀伤的可能性。

美国海军陆战队森林迷彩作战服的图案　　美国海军陆战队沙漠迷彩作战服的图案

迷彩作战服的历史可以追溯到 20 世纪 20 年代后期。一战以后，各种光学侦察器材的出现，使穿着单一颜色军服的士兵很难适应多种颜色的背景环境。1929 年，意大利研制出世界上最早的迷彩作战服。1943 年，德国为部分士兵装备了三色迷彩作战服，这种迷彩作战服遍布形状不规则的三色斑块，从视觉效果上分割了人体外形，从而达到伪装变形的效果。德军的迷彩作战服在实战中收到了很好的效果，各国军队纷纷仿效，并对迷彩的颜色和斑块的形状进行研究改进。20 世纪 60 年代以后新研制的迷彩作战服采用合成化学纤维制成，不仅在防可见光侦察方面比原先的棉布材料优越，而且由于在色彩染料中掺进了特殊的化学物质，使迷彩服的红外光反射能力与周围景物的反射能力大体相似，因而具有了一定的防红外光侦察的伪装效果。时至今日，迷彩作战服由原来的二色、三色发展到四色、五色、六色，由只能防可见光发展到防红外、防雷达等侦视，由单纯的防侦视功能发展到防紫外辐射等，由模仿自然色向变色技术方面发展。

海湾战争中美国陆军士兵装备的沙漠迷彩作战服（上衣）

单兵作战指南

未来迷彩作战服的发展主要是跟上现代侦视技术的进步,一是向多色光谱方向发展,即在具有防可见光、激光夜视、近红外光学性质的同时,兼有防中远红外、防雷达等多谱伪装效果,并向变色隐形材料发展;二是向多功能发展,既具有伪装功能,又具有防风、防水、防寒、防化学、防核辐射的功能,使迷彩作战服的应用范围更广、实用价值更高。

身穿沙漠迷彩作战服的美国海军陆战队士兵

防弹衣

防弹衣,又称避弹服、防弹服、防弹背心等,用于防护弹头或弹片对人体的伤害。防弹衣的产生几乎是与火药枪的发展同步,美国南北战争时期,美军就装备了重约3千克的胸甲,用来防御毛瑟枪弹。一战时期,英军将一种重达9千克的钢制防弹衣装备给机枪手、工兵、哨兵等特殊作战人员。之后,其他国家也纷纷开始研制第一代防弹衣。二战时期,各国对防弹衣的研制越来越重视。两次世界大战中的胸甲和防弹衣主要是由钢或合金钢制作而成,因其过于沉重,穿着后行动不便,步兵基本无法使用。

直到20世纪50年代,人们所考虑的防弹衣材料才跳出了金属材料的圈子。美军首先试验使用尼龙这类软质合成纤维材料制作防弹衣。试验表明，多层特制尼龙纤维可取得一定的防弹效果。当弹丸击中防弹衣时，纵横交织的多层尼龙纤维像网一样裹住弹丸，弹丸继续运动的话就必须拉伸尼龙纤维，尼龙纤维的张力降低了弹丸的运动速度，消耗并吸收了弹丸的动能。由于弹片的动能和运动速度一般比弹丸低得多，所以尼龙防弹衣对弹片的防护作用更明显。与两次世界大战时期的简易防弹衣相比，尼龙防弹衣的防护力已经得到了很大的提高，但重量方面还有很大的改进余地。20世纪70年代，美国杜邦公司研制出以超高强度纤维制成的防弹衣，重量仅3千克，防护力却不逊于金属材料。

时至今日，防弹衣的品种和型号越来越多，防护力也更加出色。按防护等级分，可分为防弹片、防低速子弹、防高速子弹三级；按款式分，有背心式、夹克式、套头式三种；按原料分，有软体、硬体和软硬复合体三种。软体防弹衣以高性能纺织纤维为主，如多层高强度尼龙纤维、无机的碳化硅纤维、"凯夫拉"纤维等，这些纤维可以织成普通纺织品的结构，不仅重量轻，还具有柔软性。硬体防弹衣有金属（特种钢板、超强铝合金、钛合金）、陶瓷（氧化铝、碳化硼、碳化硅）、玻璃钢等。软硬复合式防弹衣的柔软性介于上述两种类型之间，以软质材料为内衬，以硬质材料为面料和增强材料，安全性能更好。

不同迷彩图案的美军防弹衣

美军防弹衣穿戴效果

美国海军陆战队士兵正在穿戴防弹衣

军靴

军靴是供军人在行军、作战时穿着的鞋靴。一双优秀的军靴不但要足够耐用,舒适性强,以保证士兵在严酷作战环境中的各种需要,还应该威武美观,能够起到体现军威、提升士气的作用。正如巴顿将军所说:"一个士兵穿上鞋子只是一个士兵,但一旦他穿上靴子就变成了斗士。"

现代军靴非常注重实用性能。对于需要大量行军的步兵来说,脚是最先开始疲劳的部位,如果军靴太过坚硬,就会加剧脚部的疲劳速度和程度。另外,士兵的双脚在行军过程中极易汗湿,如果军靴的透气性不佳,就容易使士兵着凉,引起身体不适,甚至腹泻等病症。士兵一旦陷入这种状态后,就不可能正常进行战斗了,部队战斗力就会大减。

在各国军队中,步兵穿的长筒军靴大多由柔软、结实的皮革制成,可耐高温和低温。此外,多数国家的陆军都备有在湿度高的热带丛林使用的布制长筒靴。越南战争时期,美军配备的高温丛林靴设有排水孔,靴底易于清除湿泥。鞋底装有金属板,防止钉子穿透。目前,美军有多种定型军靴,包括防湿型、防寒型、抗高温型、沙漠型、滑雪型等。美军的军靴可以通过更换靴内的里衬,使因汗和雨水而浸湿的双脚得到很好的保养和休息。美英军队甚至研究出了防雷单兵战靴,可以很大程度地减轻地雷对步兵的伤害。

2.2.3 单兵携行装具

为了提升单兵战斗力,各国军队为步兵配备了多种多样的单兵作战装备,随之而来的问题是士兵的个人负重越来越重。以一名美国陆军步枪手为例,其单兵装备涵盖个人防护、生存保障、武器装备、夜视装备四大方面。除了单兵武器外,他一般身着防核生化的三防衣、手套、面具,还有标准配置的防弹衣和防弹头盔。他要肩挎一个吊带式携行具,其背架为铝合金材料,里面装有弹药、水壶、GPS、掌上电脑、侦察设备、生化武器检测仪、医疗急救包等,甚至还有备用的内衣裤。此外,还要携带单兵使用的望远镜、瞄准镜、夜视仪及电池等。细数下来,一个士兵携带的各类装备不下百种。

根据现行的1996年版美军单兵携行负重标准,美国单兵负荷比二战时期整整翻了一倍。美军许多单兵装备都具有多种功能，需要附加多种设备。例如，美军头戴的"凯夫拉"头盔不光能抵御子弹、弹片的袭击，而且还是士兵的"第二大脑"。这种头盔可容纳一部微型无线电设备、一个话筒和一副耳机，便于士兵同战友和指挥官联系。头盔上部的雷达装置将报告士兵所处的确切位置。此外，进入信息化时代的美军士兵全身布满了各种传感器材，进一步增加了士兵的负重。

徒步行军的美国陆军士兵

在个人负重极高的情况下，一件坚固耐用、布局合理、人体工学设计出色的单兵携行装具就显得尤为重要。所谓单兵携行装具，是指士兵在战斗值勤时随身附着，支持士兵携带武器、弹药及作战必需品的专用装具。它是人与武器装备有机结合的基本载体。不同的军兵种，由于作战行动的特点不同，对单兵携行装具有不同的要求。单兵携行装具优化与否，对提高和保持单兵作战能力有很大影响。在相同负荷条件下，科学优化的单兵携行装具能有效地改善武器携行条件，大幅减轻了单兵生理负担和心理压力，进而有效地提高整体作战能力和防护能力。

近现代军队最早携带装具的方式是单件分挂式，即单具单用、多具披挂。19世纪中期以来的近代军队，广泛采用单件分挂携行装具。单件分挂的优点

第 2 章 单兵作战装备

在于简单,但是随着士兵身上携带装具越来越多,其弊端也越来越明显。第一,单件分挂,每携带一样装备就要缠一条带子,才能将自己的装具披挂完全,如果装备很多,一条一条带子缠在身上,穿戴和脱下都极为不便。第二,单件分挂的人机工效很差,从肩上斜挂到腰侧,即使用外腰带将背带束紧,装具的重力点也在臀部周围,在运动中各件装备或相互碰撞,或与身体发生碰撞,前后挪动,不便于行动和隐蔽,反复交叉的带子勒肩勒颈,压迫前胸,容易加速疲劳。第三,单件分挂,需要一件一件清洗整理,野战条件下容易丢失,对单兵作战性能造成负面影响。

由于单件分挂的携行方式存在诸多弊端,进入 20 世纪,欧洲各国逐步开始依托 Y 带或 H 带来对多种装备进行携带。例如,德军就有多款 Y 带与外腰带组合起来的分体式的携行装具,在外腰带上通过专门的连接卡具悬挂弹药匣、手榴弹、水壶、文件包等装具,背后可以与突击背包相连,携带其他物资。这种依托携行带进行组合的携行装具,可以说是分体式单兵携行装具的雏形。所谓分体式单兵携行装具,就是每样装具都是独立的,不管是小弹药包还是大背囊,都可以拆开,但是这些分开的装具都可以用一条带子串起来,组合在一起,就可以把好几样装备携带好。当然,并不是百分之百能将全部装备连起来,还是会有一些小件单独携带。

一战时期美国单兵装备及携行装具

一战时期法国单兵装备及携行装具

一战时期德国单兵装备及携行装具

一战时期俄国单兵装备及携行装具

一战爆发前,英国就研发出了 P1908 型单兵装具,之后又发展出了 P1937 型单兵装具,装备了各英联邦成员国军队。在发展专用的单兵携行装

第 2 章 单兵作战装备

具方面，美国也走在世界各国前列。在大多数国家还使用皮具的时代，美国就已经在 M1910 型携行装具上采用卡其布了。M1910 型单兵携行装具的核心是两根侧 Y 带，下方连接着卡其布外腰带，其上悬挂步枪弹匣包、急救包、水壶套、干粮包，背后悬挂突击背囊。M1910 型携行装具推出之后，美军在其基础上进行不断改进，可以在 Y 带、外腰带和背囊上增加悬挂新的组件，丰富了它的功能。美军在 M1910 型携行装具基础上改进来的各系列携行装具一直使用到二战后，并影响了许多盟国军队的携行装具。

二战后，美国、英国、法国、苏联、德国、日本等国在减轻单兵负荷的同时，都竞相开展单兵携行装具的研究和改进工作。基于 Y 带、H 带为核心的分体式单兵携行装具逐渐发展，带子逐渐加宽以减小压强，以至于一些设计师直接设计出了与人体更贴合的战术背心。这些战术背心往往是专用的，背心正面缝制了放置弹夹、手雷的袋子。背心穿好后在身体表面不易移动，能够更好地固定所承载的装具。

美国 M1956 型携行装具

1998 年，美国推出了模块化轻量承载装具系统（Modular Lightweight

Load-carrying Equipment，MOLLE），一经问世就得到了高度关注。MOLLE 系统的核心是战术承载背心，背心上横向分布着一道道承载条，11 种标准附包和其他尺寸的附包可以根据需求，采用固定的搭扣方式在承载条上牢固固定，组成不同的配置方案。MOLLE 系统最大的特点就是模块化组合，不同的模块通过独特的横向承载条和搭扣安装，士兵可以根据自己的需求自由组装配置方案。MOLLE 系统推出后，世界各国军队也根据自身条件，设计出了各自的模块化单兵战术背心。例如，俄罗斯研制的 6SH112 战术突击背心采用了横向承载条来进行模块化自由组合，实现不同功能。

装备 MOLLE 系统的美国陆军士兵

俄罗斯 6SH112 战术突击背心

第 2 章 单兵作战装备

> 🔊 **TIPS:**
>
> 为了适应热带沙漠地区作战的需要,美军还在海湾战争期间专门研制了一种被称为"驼峰"水袋的热带背囊。这种背囊内部配有较大容量的水壶,通过导管引至士兵的口边,士兵在行进过程中就能饮水。

美国"驼峰"水袋

为了适应 21 世纪的高技术战争的需要,世界各国仍在不断地对单兵携行装具进行改进,以期更符合人体生理特性。未来的单兵携行装具将具备以下特点:一是轻便舒适,减少人体负荷。各国军队的单兵携行装具正由肩腰吊带式向背心式发展,因为背心式携行装具能更好地把各种战斗装备和生活用品集中到一个完整的结构系统内,使重力均匀地分布在人体的肩部、腰部和背部,而且贴身适体,不易和身体分离。二是组合方便,机动性能好。未来的单兵携行装具大多把战斗装备和生活用品分别装在两个分系统内,行军时两者紧密结合,进入战斗时可迅速分解,抛掉生活用品部分。三是增大携行量,提高单兵作战能力。现代作战弹药消耗量大,防护性装具多,因此单兵携行装具要尽量提高单兵的携行能力。此外,在现代化侦察器材的威胁下,单兵携行装具还必须有隐蔽伪装功能,其样式、颜色和用料都会经过综合设计,与作战服协调一致,使之具有良好的防护和伪装性能。

2.3 电子设备

2.3.1 敌我识别系统

战争历来都是残酷的,战争中的伤亡大部分来自敌方,还有一部分伤亡是来自于友军。根据军事专家对战争中的伤亡数据分析来看,战争中的友军误伤比例一般为10%。友军误伤事件,一般都是因为身份识别问题所致。因此,古今中外的军队都非常重视敌我识别的问题。

在冷兵器时代,最直接的敌我识别方法就是根据盔缨和铠甲的样式判断敌我,另外军旗也是重要的敌我识别标识。对外族作战时,还可以根据口音、发髻、相貌等特征来区分敌我。当盔甲配给不足时,也可统一穿戴某种特征鲜明的服饰,或在身体某部位打上同一种标记,以此来辨别敌我。例如,汉代时的"赤眉军"把眉毛染成红色,东汉末年的"黄巾军"头上围着黄色头巾,元朝后期的"红巾军"以红巾、红袄、红旗为标记。这些简单的方法解决了白天作战时的敌我识别问题。为了在夜间也能分辨敌我,人们又发明了声音识别法,最常用的就是"口令",军队站岗放哨都要用事先约定的口令来分辨敌我。

当然,上述敌我识别方法都存在一定的缺陷。盔甲有可能无法全员配备,军旗有可能在战斗激烈时被焚毁,口音和发髻等特征有可能被刻意掩饰,口令也有可能被敌人模仿或是出现口令不一致的失误。不过,对于冷兵器时代的军队来说,即便敌我识别出现失误,所造成的伤害也相对较小。

到了热兵器时代,随着武器打击精度的空前提高和破坏威力不断增强,敌我识别失误的后果越来越严重。机械化、信息化武器装备的不断出现,导致战争进程加快,敌我双方对抗常常是高技术兵器的远程厮杀,作战形态常常是非接触样式,在这种情况下,单靠人自身的感官和思维去判断敌我,已远不能满足作战需求。于是,运用无线电技术而发明制造的敌我识别器应运而生,即用电子方法产生"电子口令"来实现远距离敌我识别。

第 2 章 单兵作战装备

敌我识别器与雷达具有同样悠久的历史。1935 年英国空军司令部首次提出了要攻击敌方飞机，首先要用无线电手段识别是"友"还是"敌"。敌我识别器大多与雷达协同工作，识别的"友""敌"信息通常可在雷达显示器上标明。敌我识别器一般由询问器和应答器两个部分组成并配合工作，其工作原理是询问器发射事先编好的电子脉冲码，若目标为友方，则应答器接收到信号后会发射已约定好的脉冲编码，如果对方不回答或者回答错误，即可认为是敌方。

虽然敌我识别器有效降低了战争中的误伤概率，但它也并非无懈可击。敌我识别器有可能受到敌方的电子干扰，也有可能发生故障。例如，伊拉克战争中，一架英军"旋风"战斗机在返回途中，遭到美军"爱国者"导弹的拦截，造成机毁人亡；此后，美军一架 F-16"战隼"战斗机在执行任务时又误炸了自己的"爱国者"导弹阵地。造成这些误伤事件的原因是多方面的，但其中一个重要因素就是敌我识别器出现了问题。

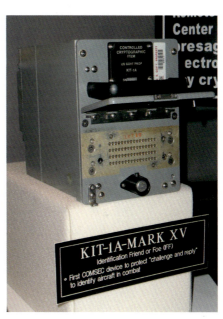

20 世纪 80 年代美国制造的敌我识别器

21 世纪，信息战、网络中心战、非接触作战、精确打击等作战样式异彩纷呈，战场瞬息万变，要求作战人员在最短的时间内做出最准确的判断是一件非常复杂的工作。因此，敌我识别问题变得越发重要，世界各国都在积极研发新型敌我识别装备，如红外夜视技术敌我识别系统、空中敌我识别系统、舰载敌我识别系统询问器、通用型敌我识别器、单兵敌我识别系统等。其中，红外夜视技术敌我识别系统是给本方目标装备专门的反射红外光的装置，在夜晚，用标准夜视镜从大约 8 千米远的地方就能看到，较好地防止了误伤。

美国空军航空电子技术军士正在测试航空器的敌我识别系统转发器

在单兵敌我识别系统方面,技术较为成熟的国家是美国。目前,美军正在研制两种单兵敌我识别系统,包括徒步式单兵作战识别系统和"陆地勇士"作战识别系统。前者主要提供给没有装备"陆地勇士"系统的普通步兵,它包括武器系统和头盔系统。头盔系统含有4个激光探测器、1个射频发射机和4副平面阵列天线。武器系统含有1个激光询问器和1个射频接收机。该系统装在枪管上,与武器的瞄准线同轴,启动开关装在左侧,不会影响士兵射击。战斗中,激光询问器发出激光询问信号,被询问方头盔接收到询问信号后发出应答信号。如果双方信号一致,询问开关便自动停止发信,同时询问开关振动,将询问结果传达给士兵。而"陆地勇士"系统则采用了世界上最先进的光电成像技术,敌我识别力更强。

除了美国外,英国、法国、德国和俄罗斯等国也在大力研发各种提高敌我识别效能的新技术,如激光雷达、毫米波传感器、无源探测系统、多传感器组合、红外激光信标等,涉及声、光、电各领域,无所不有。从发展趋势来看,未来的敌我识别系统应能满足三军使用,强调通用性和标准化,特别是改进型要与早期产品兼容。此外,为适应激烈复杂的电子对抗环境,抗干扰性能将是衡量产品优劣的重要指标。其技术发展方向如下:一是不断改进密码技术。要求敌我识别器能够迅速更换密码组合，能根据需要随时更换密钥，以保证系统的安全性。当敌我识别信号被敌方破译后，能够很快生成新的密码。二是开发数据融合技术。采用融合技术，使敌我识别器与其他探测器进行数据融合，使多种传感器获得的信息在敌我识别器上做相关判决处理，进一步增强敌我属性的识别力。三是采用扩频与时间同步技术。采用扩频技术是将信号频谱扩展在很宽的频带上，使敌方不易接收和干扰。

未来的敌我识别技术，将是各种体制、各种技术、各种设备的综合使用。但由于这些系统仍然要靠人来操作，所以其可靠性也与人密切相关。值得一提的是，针对敌我识别技术的迅猛发展，其对抗技术也在不断地创新，重点是密码破译。一是运用计算机技术破译敌方密码的结构、加密算法及所使用的密钥，并有效实施欺骗干扰；二是瞄准扩频侦收；三是探索综合干扰。

2.3.2 | 通信系统

从古至今，通信联络都是决定战争胜败的关键因素之一。它是保障军队指挥的基本手段，要求迅速、准确、保密、不间断。现代战争广泛应用高技术兵器，作战空间广阔，部队高度机动，作战样式转换频繁，战机稍纵即逝，军事信息量大，电子斗争激烈，从而增加了军队指挥对军事通信的依赖性和完成军事通信任务的艰巨性。

为了最大限度地提高作战和指挥效率、减少伤亡，在参战士兵及与友邻部队之间、士兵与火力支援及其后勤支持、救护、空中力量及指挥机构之间、甚至士兵与运行于外层空间的卫星之间都迫切需要实现实时、便捷和有效的信息沟通。单兵通信系统是军事信息通信网在战场前沿的延伸，是战术互联信息网中一个重要组成部分，是提高现代化战场指挥和作战效率以及士兵生存率的重要装备。正因为如此，世界各国军队都在积极研发和装备数字化单兵通信系统。

单兵通信系统是单兵综合战斗系统的一个重要组成部分。它以数字通信为基础，使部队的指挥控制、情报侦察、预警探测、信息利用和信息对抗一体化、武器装备智能化。配备了单兵通信系统的士兵，将是具有指挥、协调、保障功能的作战单元。这样，利用先进的现代数字通信手段和计算技术就可把战场上的武器系统和战斗部队连接成一个相互协调的有机整体。地面部队的士兵通过单兵通信系统可以直接控制打击火力，其范围和能力将从单兵扩展到战场上其他兵器甚至海、空军的各种作战平台。由于单兵通信系统能够为置身于现代战场的士兵提供全方位的作战信息传输，因而使战争的取胜变得更有把握。现代战场反馈的信息已经证明，单兵通信系统已对步兵的地面作战能力产生了极为深刻的影响。

目前，世界各国军队的单兵通信系统通常具有体积小、重量轻、功耗低的优点，并具备抗噪声语音识别能力、抗干扰能力，以及语音、图像和数据等多媒体信息处理能力。单兵通信系统中的单兵电台（PRR）大多采用工作频段为数千兆的扩频技术。这些单兵电台具有简单的人机交流界面、适宜于单兵携带、操作简单方便；外形坚固，能适应严酷作战环境；采用模块化设计，具有极大的灵活性，可以在许多场合下进行不同功能的操作；采用"一键通"（Push To Talk，PTT）功能，使得士兵在作战的危急时刻，双手不离开武器也可完成信息的传输。

北约国家军队常用的马可尼 - 塞莱尼亚 H4855 单兵电台

腰间携带着单兵电台的美军士兵

第 2 章　单兵作战装备

美军士兵正在使用罗克韦尔·柯林斯公司制造的单兵电台

正在使用单兵电台通信的英国陆军士兵

2.3.3 夜视装备

古今中外的战场上,人们十分重视利用夜幕掩护,夺取白天难以取得的战果。二战时期,美军就经常在夜间遭到日军的袭击。时至今日,夜战已经成为战争的主要作战样式。优势一方凭借先进的夜视装备,可以实现夜战场"单向透明",全面掌控夜战主动权。

在夜暗环境中存在着少量的自然光,如月光、星光、大气辉光等。因为它们和太阳光比起来十分微弱,所以又叫作夜微光。人眼视网膜的感光灵敏度不高,在微光条件下不能充分"曝光"。这是造成人类在夜暗环境中不能正常观察的一大原因。夜暗环境中,除了有微光存在外,还有大量的红外光。世界上一切物体每时每刻都在向外发射红外线,所以无论白天或黑夜,空间都充满了红外线。但红外线不论强弱,人眼都不能看到。夜视装备就是利用微光和红外线这两个条件,把来自目标的人眼看不见的光(微光或红外光)信号转换成为电信号,然后再把电信号放大,并把电信号转换成人眼可见的光信号。这种转换是一切夜视装备实现夜间观察的共同途径。

目前,各国军队使用的夜视仪分为主动式和被动式两种:前者用红外探照灯照射目标,接收反射的红外辐射形成图像;后者不发射红外线,依靠目标自身的红外辐射形成"热图像",故又称为"热像仪"。

主动式夜视仪不受照度的限制,全黑情况下可以进行观察,且效果很好,价格便宜。不过,主动式夜视仪的观察距离近,在观察时很容易被对方发现,从而暴露自己。被动式夜视仪是根据一切高于绝对零度以上的物体都有辐射红外线的基本原理,利用目标和背景自身辐射红外线的差异来发现和识别目标的仪器,由于各种物体红外线辐射强度不同,从而使人、动物、车辆、飞机等清晰地被观察到,而且不受烟、雾及树木等障碍物的影响,白天和夜晚都能工作。

以美国为例,美军士兵配备的主要夜视装备为 AN/PVS-14 夜视仪。该夜视仪仅重 0.4 千克,观察距离为 150 米,既可安装到头盔上用单眼观察,也可手持观察或安装到步枪上。不需要的时候,士兵可以轻易将其从头盔上取下来。独特的防水设计使其可以在 20 米深水下使用。

美国 AN/PVS-14 夜视仪

值得一提的是，夜视仪是一种精密而脆弱的仪器，必须小心保护，以免影响作战行动。夜视仪忌讳在亮光下使用，虽然夜视仪在超载时会自动切断回路来保护设备，但暴露在强光下会缩短夜视仪的使用寿命。而暴露在雨、雾甚至高湿度环境中也会损坏夜视仪。为在晚上使用考虑，夜视仪的设计使它可以承受短时间的强光或潮湿状况，但无法长时间使用。另外，夜视仪中有非常精密的真空管，因此务必注意防撞击和小心持握。

安装在头盔上的 AN/PVS-14 夜视仪

夜视仪中显示的影像

2.4 未来单兵作战系统

2.4.1 未来单兵作战系统的功能

军事国防的科技水平一直走在世界的前沿,各国对于军事国防科技的研发也不遗余力。在单兵作战装备方面,一些军事强国相继推行"士兵现代化计划",大力开发未来士兵综合作战系统。各国从攻击力、防御力、信息化、舒适性和持续作战能力等方面入手,全力打造"未来战士",使士兵从武器操纵者变为武器的核心。

简而言之,未来的士兵不再只装备传统的枪械和手榴弹,而是拥有一体化、系统化的单兵数字化装备,从而使未来战争出现新的面貌。未来单兵作战系统汇集了最先进的军事装备和科学技术,配备更加致命的突击步枪、升级的武器瞄准具、更有效的防护装具、尖端的网络通信,并拥有计算机控制功能。

试验中的美国"陆地勇士"单兵作战系统

第 2 章 单兵作战装备

目前，大多数国家或多或少地完成了主要优先目标，并且将它们应用于一些精英特种部队。尽管各国的未来单兵作战系统在细节上存在差异，但基本思路大致相同。具体来说，未来单兵作战系统的功能如下。

武器功能

未来的高技术战争要求单兵武器具有更大的威力、更轻的重量、更高的可靠性、更好的适应性、更佳的维修性、更低的造价。因此，未来单兵作战系统中的单兵自卫武器将向通用方向发展，用一种新的枪械取代现有的手枪、冲锋枪的功能。主战武器方面，士兵可携带的武器包括激光枪、电磁武器、高灵敏度反单兵雷等。

这些武器配有红外探测器和高效瞄准器，并与计算机/无线电通信系统、头盔系统相连接，集观察、瞄准、射击于一体，能在白天、黑夜或不良气候完成监视、跟踪、精确射击等任务。它也允许士兵将武器绕过角落、经由窗户或伸出散兵坑外搜索目标，向敌人开火，而不将自己暴露于敌方火力之下。因为头盔上的目镜轴线与武器上的瞄准轴线之间能灵活、自动地保持一致性，实现人在壕内枪在外的隐蔽瞄准的拐弯射击。

挪威士兵测试 NORMANS 单兵作战系统

生存防护功能

通过作战服、防弹衣及其他先进的防护措施,来完成一系列对士兵的防护,减少或者阻挡住士兵可能遭受的伤害,并能有效保护自己不被敌人轻易发现。具体包括:减轻弹头或破片的创伤;减弱核、生、化(气态、液态)的损伤;消除高、低温等恶劣气候的影响;能控雷报警,力求减少踩踏地雷;防潮防水。防止和扰乱敌人的侦察,现在先进的伪装色斑能随背景变化防止敌人的目视侦察和防热像仪侦察,实现全波段(可见光、红外、激光、雷达)背景变化。

德国士兵测试 IdZ 单兵作战系统

指挥、通信、控制、侦察和情报功能

对现场拍摄图像,实时报告战场态势(敌我位置、火力配置、障碍物等);战场识别;文件处理;全球定位系统的定位和导航;引导后方支援武器的精确射击;判断声源方位和距离,并能滤掉爆炸噪声,减少噪声侵害;监测士兵身体状况。

要完成这些任务,需要头盔和其他通信电子设备的参与。在激烈角逐的战场上,头盔不仅具有防弹能力,士兵还可通过头盔护目镜上的显示屏将战场态势一览无余。精巧的集探测器、计算机和电台于一体的装置,将进行敌我识别;各单兵计算机互联成网络,从而可提高战场保障能力,士兵可与班内各战友及上级保持联系,还能横向与战车、火炮、直升机等进行语音、数据、图像通信,引导它们精确射击。

美军士兵正在测试"陆地勇士"单兵作战系统的通信功能

2.4.2 各国未来单兵作战系统

美国"陆地勇士"单兵作战系统

"陆地勇士"单兵作战系统是构成美军数字化部队的重要支柱之一。20世纪80年代末,美国陆军提出"士兵现代化计划",其中关键项目是"士兵综合防护系统"。美国陆军从1990年开始技术预研,并于1992年9月至11月进行了"士兵综合防护系统"技术演示。这是人类有史以来第一次把士兵作为一个系统来看待。1993年,美国陆军将"增强型士兵系统"计划更名为"21世纪陆地勇士"计划,它强调利用美国微电子技术的优势,把"士兵系统"作为一个节点纳入数字化的C4I网络之中。1996年,美国陆军将"21世纪陆地勇士"和"第二代士兵系统"合并成统一的研究工作,简称为"陆地勇士"计划。该计划曾在2007年因资金问题而取消,2008年重新启动。

"陆地勇士"单兵作战系统是一个系统集成。它包含几个既独立运作又相互配合的子系统,按其功能可分为防护系统、信息处理系统和作战系统。主要装备有便携式电脑,集瞄准具、步话机和发射天线于一体的头盔,各种传感器和新式的枪弹合一的步兵作战武器等。截至2021年,"陆地勇士"单兵作战系统仍没有最终定型。目前,美军士兵装备的是一个简化版,也就是在现有装备的基础上,只加装了信息处理系统,也就是一套穿戴式电脑。

信息处理系统是"陆地勇士"单兵作战系统的核心,它负责各种信息的采集、处理和实时发送。除电脑外还包括头盔显示器、步话机、局域网接入器和天线等。电脑中可存储作战地区的详细地图,并可通过 GPS 卫星定位仪将所处位置及战友的位置显示于头盔显示器当中。士兵左手腕佩戴有小型键盘,供其进行信息输入。指挥部可将新的作战命令、最新的敌情通过信息数据链直接发送至前线,由电脑接收后将信息显示在头盔显示器上。士兵还可以通过无线局域网进行点对点式的交互联络。每个士兵都相当于一个节点,并能以任意动态的方式连接到网络中。这套系统的重要性在于:一方面加强了各级指挥员同士兵们的联系——随时了解战况、及时作出作战部署,必要时作战命令可于第一时间下达至每一个士兵,有利于贯彻指挥部的作战意图;另一方面,士兵与士兵之间也可保持联系,增加沟通,利于机动灵活地执行作战任务。

美国陆军士兵展示"陆地勇士"单兵作战系统(2007年)

第 2 章 单兵作战装备

英国"重拳"单兵作战系统

在 2015 年的英国防务展上,英国国防部展示了"2025 年未来单兵系统"概念。由于该项目最初的英文缩写为 FIST,所以人们又将其称为"重拳"单兵作战系统。该项目由英国陆军主导,目标是整合模块化系统的所有设备——武器系统、通信设施、个人士兵携带装具,以增加在战场上的单兵作战效能。

"重拳"系统的头盔不再只是防护弹片的防具,它更是一个信息处理中心,将各种战斗相关的重要数据收集并呈现给士兵,甚至还有其战友;耳机采用骨传导技术,保证士兵能够听清通信内容的同时还不会忽略来自周围环境的动静;护目镜具备信息显示功能,让士兵对战场态势有更好的把握,甚至内置摄像头;士兵手腕上有智能手表,能随时显示自己的生物数据。

"重拳"系统的战斗服中内置传感器,提供更强的生存率以及态势感知;可定制分段式设计的防弹战斗服,护肩除了有防护功能外也兼具分担负重物重量的职能;"重拳"系统设计上最为奇妙的是"电子个人武器",这种模块化武器带有语音传感器和液晶显示器,传感器用于监视武器装弹和枪管温度,液晶显示器用于提示过热和低电量警告,并提醒士兵武器里面还剩下多少弹药。士兵对着语音传感器说话,便可进入"重拳"系统的计算机菜单,菜单中有打开保险、开火等程序,代替了以往士兵扣动扳机。

装备有"重拳"单兵作战系统的英国士兵

法国 FELIN 单兵作战系统

FELIN 是"装备与通信一体化步兵"的法文缩写,该项目由负责国防采办的法国武器装备总署发起,目的是快速增强单个步兵的技术能力,从而进一步提高步兵班和排的作战能力。该系统主要由装有先进光学设备的武器(FAMAS G2 突击步枪、FN Minimi 轻机枪和 FR-F2 狙击步枪)、头盔、通信系统、便携式电子平台、独立电池组、制服与防护设备组成。此外,该系统还配有多种外部设备,如安装在头盔上的摄像机。每名士兵获取的战场信息都将被传送到一台专门的服务器,从而将整个部队构成一个完整的作战网络。FELIN 单兵作战系统的总重量不超过 25 千克。2010 年 9 月,该系统首次部署在法国驻阿富汗部队的作战前线进行试用。

装备有 FELIN 单兵作战系统的法国士兵

德国 IdZ 单兵作战系统

IdZ 是"未来士兵"的德文缩写,该项目由莱茵金属防务电子公司研发,旨在为德国步兵提供显著的致命性、生存性、移动性。IdZ 单兵作战系统是一个以"10 人班"为基本单元的作战系统,其核心有 20 个组件,但不是每名士兵都配套全部装备,而是采用分级使用的模块化概念,在一个班里有选择地配备并相互补充。在武器结构和防弹衣上采用了新材料,而且用车辆装载了一部分装备,使得士兵负荷在现在 50 千克的基础上减重 30% ～ 50%。班用车辆是"拳击手"步兵战车,足以搭载一个 10 人步兵班。车辆可以向小队提供电源并允许数据传输。

10 人步兵班的装备中,每名士兵都有的装备包括防护背心、携行系统、班用无线电台、导航装置、头盔系统、"驼峰"水袋、耳机、带手套和鞋子的核生化防护服、辐射测量仪、激光测距仪、激光模块、像增强瞄准具、"卢齐厄"像增强眼镜、NSA80 夜视瞄准具等。属于步兵班的武器装备有班用无线电台蓄电池、1 部数码相机、2 台热像仪、2 支冲锋枪、2 支枪挂榴弹发射器、2 挺轻机枪、1 支远程狙击步枪等。

无论何时,IdZ 单兵作战系统的无线电与个人导航装置,使士兵都能准确地知道战友和指挥官所处的位置,并保持无声的联络;头盔也是微型受话器,其最顶端有一个助听器;耳机在接收答话时,通过频率过滤降低射击和爆炸的噪声,而耳边的声音则被保留下来。

装备 IdZ 单兵作战系统的德国士兵

俄罗斯"战士"单兵作战系统

"战士"单兵作战系统旨在改善俄罗斯军队的协同及作战能力,2016 年

单兵作战指南

10月已经开始在战斗中使用。该系统的使用年限为5年,也就是俄军普通士兵的服役年限。"战士"系统包括21个组成部分,可根据士兵担负的任务进行组合。整个系统分为夏季款、冬季款两种子型号,夏季款设计有用于散热的特殊排气口,而冬季款除了增加有内衬保温面料之外,还对头盔和防护部分的尺寸进行了适当增加。"战士"系统配备了作战识别系统,能够在射击时辨别敌我目标,若发现目标为本方人员,系统会自动提示士兵不必射击。

目前,"战士"系统仍旧存在不少的问题。根据不少士兵反馈,作战服尺码普遍偏大,并且其自身重量会让士兵出现额外的负重感。因此,俄罗斯仍在继续改进"战士"系统。

装备"战士"单兵作战系统的俄罗斯士兵

波兰"泰坦"单兵作战系统

"泰坦"单兵作战系统是波兰"未来战士"的研究项目。该项目始于2009年,首批50套系统在2016年进行了野战试验和训练,计划于2018年正式交付地面部队。"泰坦"系统由战斗服、战术设备、新的电子和光学技术、新的通信系统等组成。整个系统将由一个掌上电脑大小的高度集成的计算机管辖。计算机将是所有电子系统的核心。

装备"泰坦"单兵作战系统的波兰士兵

第 2 章 单兵作战装备

挪威 NORMANS 单兵作战系统

NORMANS 是"挪威模块北极网络化士兵"的英文缩写,该项目由泰勒斯(挪威)公司负责研发,旨在提高士兵作战时的作战效能和安全性。NORMANS 系统能够通过信息链完成士兵与战场管理系统之间的战场数据通信,可为士兵提供更高的态势感知能力和增强的导航能力。NORMANS 系统使用特殊的传输协议促进队内的通信,所有士兵和指挥官都有无线电用于小队内部通信。NORMANS 系统允许每个士兵看到自己的位置和队中的其他士兵,接收和发送预格式化的文本消息以及锁定目标。指挥官还可以发送和接收地图/航空照片,提高步兵执行任务、规划任务的能力。

装备 NORMANS 单兵作战系统的挪威士兵

瑞士 IMESS 单兵作战系统

IMESS 是"单兵综合模块作战系统"的英文缩写。瑞士对未来单兵作战系统的性能要求和美国、俄罗斯等军事大国有很大不同。首先,瑞士军队侧重国土防御,海外派兵任务极少,因此瑞士军队只是希望 IMESS 系统能增强士兵间的信息交流和提高射击精度,从而提升小部队在防御作战中的作战能力。其次,考虑到瑞士全民皆兵,IMESS 系统将是与步枪相似的"标准装备",所有义务兵都能使用,降低 IMESS 系统的维护保养难度和提高可靠性就变得极为重要。瑞士军队要求 IMESS 系统必须操作简便，易于维护，且价格要控制在合理范围内。

IMESS 系统的基本骨架以瑞士陆军现役三级防弹背心为挂载主体，利用经改装的小型综合战斗背包携带小型加密电台、中央处理器和高效能电池。除了与防弹背心结合的综合式通信/情报处理背包，IMESS 系统的另外两个重要部件是多功能单眼显示器和综合式瞄准具。其中，多功能单眼显示器由两部分组成：一是装在防弹头盔上的图像处理单元，二是彩色单眼液晶显示器，两者用可挠性缆线连接。

装备 IMESS 单兵作战系统的瑞士士兵

2.5 野战口粮

2.5.1 野战口粮的历史

食物是人类赖以生存的物质基础，古语说"民以食为天"，就高度概括了人类与食物的依存关系。对于军队来说，食物和武器是同等重要的东西。"兵马未动，粮草先行"，士兵的吃饭问题历来为古今中外所有军事家所重视。为了让士兵能"迅速而愉快地填饱肚子"，各国军队后勤部门挖空心思推出了各式各样的军用食品，既要保证食物有足够的热量，又要讲究营养均衡。

士兵的食物分为两种：一种是部队提供的军队伙食，这是在平时或者战时条件允许的情况下，为士兵专门烹制的热饭热菜；另一种则是专供在离开营房条件下食用的野战口粮，包括野战食品和制作热食所需的原料、半成品和成品，由士兵随身携带。野战口粮一般由工厂根据规定的配方和工艺生产，按定量包装定型。这种口粮具有体积小、重量轻、营养价值高、便于携带和食用、通用性强、贮存性能好、便于生产和供应等特点。野战口粮主要用于战时，也用于部队在执行抢险救灾任务时食用。

美国海军陆战队士兵参加美军举行的烹饪大赛

正在训练场上进食的美军士兵

自从有了战争，各国军队便一直想要找出更好的方法来包装食物，希望使这些食物能够持久不坏。公元前4世纪，马其顿帝国军队使用羊皮和陶器来盛装食物及饮水，但保鲜效果并不好。拿破仑时期，法国频繁地对外用兵，军队给养中的食物保鲜成了大问题。为此，拿破仑拿出一笔奖金，奖励能发明解决方案的人。一个法国人发明了罐头,作为军用食品之一。不过,当时没有使用马口铁,使用的是玻璃瓶。真正发明罐头,使它在长达150多年的岁月中,成为保存食物的标准方法的,则是英国的发明家——彼得·杜兰德他们所推出的罐头食品,从罐头乳酪到罐头雉鸡,应有尽有,不断供应分散在全世界各地的英国部队。不过,以这种方式包装及保存食物是相当昂贵的,而且也只有牛油和炼乳等食物及副食品,才会用这种方式送到前线部队。

在接下来的一个半世纪里,罐头制作技术的进步,以及制造成本的降低,使得罐头食品的品质与贮存期限大有改善。不久,美国陆军开始尝试制作营养与美味的罐头和包装口粮,其中最著名的是二战期间的C口粮和K口粮。这些口粮全都是一个人分量的,有各种食品,有的装在罐头内,有的是真空密封包装,保存期限可以长达好几年。

20世纪50年代,人类进入了太空时代,宇航员必须带着食物与饮水进入太空。最初,太空食物都是装在像牙膏般管状容器内的流体状食物,以

二战时期美国陆军的C口粮

及很脆的饼干与糖果。之后,美国航空航天局试着制作冷冻脱水食物——先把食物急速冷冻,然后放在真空中,除去所有水分——但这种技术不适合肉类与烘焙。到了"阿波罗"登月计划末期,美国航空航天局开始允许一些常见的食品,像面包、罐头肉类、花生奶油以及果冻等,成为登月计划中宇航员的食品。真正的技术突破则是"湿包装"的出现,所谓"湿包装"就是在密封的塑胶包装内装一些脱水食物,把这些食物作消毒处理(通常是使用热蒸气或照射辐射线),以防食物腐坏,然后再恢复它们的水分,供宇航员食用。同样的技术也可应用在其他事先烹调好的食品上(如面条、鸡肉和米饭等),装在供大批人食用的大容器内供人取用。

第 2 章 单兵作战装备

太空食物的制作技术为野战口粮带来了新的灵感，美军的野战口粮由此分成了三类，即 A 野战口粮、T 野战口粮、快餐（MRE）。A 野战口粮都是新鲜食物，是从作战地区附近采购而来，交由制式陆军野战厨房烹调。这是最便宜也是最受欢迎的野战口粮，缺点是当地的商店、食品店与菜贩的供应量可能有限。T 野战口粮都是事先调好的食物，装在大铝盘内，分量足以供 12 名官兵食用。食用前要放进一种自助式的加热器，利用加热器内的滚水加热。T 野战口粮通常无须冷藏，但有些特制食品在运送途中需要冷藏。快餐是可以立即食用的野战口粮，也是美军的制式野战口粮。快餐是一整套的湿、干、冷冻及脱水食品包，加上一些配件包（佐料、汤匙、刀叉、纸巾等），分别密封装在一个褐色塑胶袋内。

装在褐色塑胶袋里的 MRE 野战口粮

美军使用直升机运送野战口粮

目前，不少国家开始了野战高营养食品的研发，如全营养蛋白粉、体力恢复固体冲剂等。这种冲剂容易被人体消化吸收，具有增强肌肉运动力、帮助恢复体力和提高耐力的功能。随着生物技术的快速发展，不少国家研发出具有特别生物标记的糖块（食用这种工程食品糖块后，在视线不清和远距离条件下，利用传感设备判断人体呼吸或体液中是否存在相关生物标记，以进行敌我识别，进而实施远程狙击）、防疫食品、防腐保鲜食品、营养集成化口粮等新型野战食品。一些国家还针对在高寒、高温和核辐射等条件下活动的官兵，研发出抗疲劳食品，以便起到消除疲劳、保持旺盛战斗力的作用。

随着高技术装备在军事领域的广泛应用，未来战争的作战样式及保障手段将发生巨大变化，全时空、快节奏、高强度、高消耗的战争特点使野战部队的饮食保障面临严峻的挑战。为适应未来战争的快速发展，各国均在加紧研发新型野战口粮，具体研发方向有以下几点：一是将野战口粮与市场上可供选择的商业食品进行组合，这样既能使野战食品价格低廉、品种多样，又可以减少厌食情绪。二是朝可口化、口粮化方向发展。今后野战口粮不仅要增加花色品种，改善口感，还要研究素食口粮、宗教口粮，使其适合各种人群。三是使用先进工艺使得野战口粮营养丰富、口味好，提高野战口粮的使用性能和贮存性能。四是包装向多元化防护功能发展。为适应战场环境变化，野战口粮的包装防护功能向多元化发展，以达到防水、防虫、防菌，耐运输等功能。五是充分利用民用资源，吸收地方科研力量进行联合开发，充分利用现售的民用商业食品。

以色列国防军女兵正在食用野战口粮

第 2 章 单兵作战装备

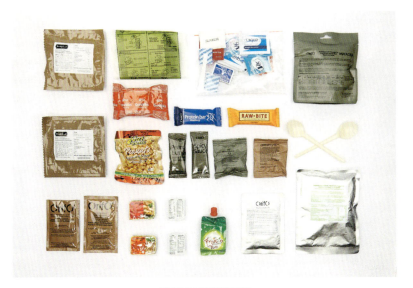

丹麦陆军的野战口粮

2.5.2 │ 各国军队的野战口粮

随着科学技术的迅速发展,野战口粮从理论到实践都逐渐趋于成熟。各国都非常重视减轻单兵负荷,以提高野战机动能力,一直致力于单兵野战口粮的研究改进,要求在保证营养和必要热量的前提下,减轻重量,缩小体积,既能长期贮存,又便于携带和食用。

美军对单兵野战口粮有严格的营养标准和储存标准,营养标准由美军军医署署长办公室审核批准。MRE 野战口粮有 20 多种餐谱,根据现行的美国陆军补给制度,每位参加战斗行动的官兵,每天可分配 4 份 MRE 野战口粮。每份口粮所提供的热量平均在 1300 卡路里,其中 13% 为蛋白质,36% 为脂肪,其余 51% 为碳水化合物。同时,口粮的维生素和矿物质含量应达到美军规定的每日必须摄入量的 1/3。每份口粮必须包括主食、副食、饮料,各组分独立包装,易于食用,接近正常膳食。贮存标准规定:必须能在 27℃ 下存放 3 年,38℃ 下存放 6 个月。美军还为士兵研究了适合不同环境、不同人群食用的口粮,并已实现了口粮的系列化。目前,美军的单兵口粮分为:标准口粮、素食口粮、宗教信徒口粮、寒冷气候口粮、远程巡逻食品包、特种作战训练口粮、首次攻击作战口粮等，共计 8 个种类。

美国军队 MRE 野战口粮

俄罗斯军队的野战口粮以高脂肪食物为主，包括牛肉大麦粥、牛肉条、饼干、油炸鲱鱼、香肠、鸡肉汤、冰茶粉、速溶橘子粉、糖等。长期以来，俄罗斯军队有一个与众不同的传统，即不论平时还是战时，都对军人供应香烟，供应标准为：士兵每人每天 20 克七等烟丝（或 12 支七等香烟），军官每人每天 25 克五等烟丝（或 20 支五等香烟）。不吸烟的军人可改为每月领取 300 克糖。

英军野战口粮是罐装或软包装熟食，有些还经过脱水处理，其组成接近于平时饮食。英军野战口粮已形成系列，既有单兵作战口粮，也有集体作战口粮。单兵普通作战口粮有 4 种餐谱，提供早餐、快餐、主餐各一份，以及一份补充饮料。该口粮重 1.8 千克，可提供热量 4000 卡路里。英军还特意研发了北极口粮，主要是罐头食品，重 1.6 千克，可提供热量 4500 卡路里。在食品加工过程中，英军采用了辐射杀菌等工艺，使三明治在 38℃的高温环境中也可保存 3 个月不变质。英国还发明了一种能鉴别食品保质期的仪器，当食品即将过期时，食品袋上的指示灯就会亮。

俄罗斯军队的野战口粮

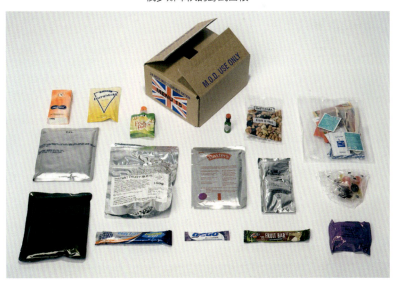

阿富汗战争中英国陆军的 24 小时野战口粮

单兵作战指南

法军的野战口粮风味多样、营养齐全,被许多人认为是"最可口的军用食品"。以最受欢迎的口粮为例,单日份餐的基本含量是 8 包硬饼干(巧克力味和咸味各一半)、两个 350 克主菜罐头以及饮料包、净水药丸等,士兵可以以此为基础,任意选择如意大利式烘馅饼、熏牛肉香肠、油煎鱼、迷你比萨饼等熟食作为搭配。主菜罐头品种丰富,有 30 多种口味,可满足不同士兵的口味需求。

法国陆军的野战口粮(两餐份)

尽管各国军队的单兵野战口粮在品种和分量等方面存在区别,但是各国军队都很关注一个共有的问题,那就是单兵野战口粮热食化。从古至今,各国军队都努力保障热食。早期的做法就是埋锅造饭,实行野炊。后来发明了炊事车,可是炊事车经常无法跟随部队行动。另外,埋锅造饭不仅耗时长,而且有明火炊烟,容易暴露目标。目前,实现单兵野战口粮热食化主要有两条途径：一是通过化学反应放热来实现口粮的加热，这种方式不产生明火，又称"无火焰化学加热"；二是通过固体燃料产生热量来实现口粮的加热，这种方式有明火产生。

美国海军陆战队士兵在炊事车中烹饪食物

1973 年，美军开始单兵野战口粮热食化的研究。后来，美军致力于研发一种适用于单兵快餐口粮的无火焰口粮加热器，以实现时刻为前线士兵提供热食，提高战场饮食保障能力的要求。1990 年，无火焰口粮加热器正式大量作为军队的供给品。1993 年，无火焰口粮加热器与单兵快餐口粮第八餐谱正式配套，并全面装备部队，美军实现了真正意义上的单兵野战口粮热食化。无火焰口粮加热器实际上就是利用水和镁粉发生化学反应，生成氧化镁和氢气，并释放出大量的热用于加热食物。1996 年，美军又推出一种自热单兵野战口粮。这种口粮利用外包装中的加热材料可在 12～15 分钟内加热至 38℃，即使在运动中仍可加热。

与美军相似，英军也为单兵野战口粮设计了别具一格的无火焰加热器，使用时，只要拉动一根短绳，即可从一小水包内注入 50 毫克水，随后加热器便产生化学反应，放出热量，在 15 分钟内即可将一份主食加热至 45℃。

单兵作战指南

　　法军的单兵野战口粮同样可以实现热食化，但加热方式与美军不同，配套的加热器使用固体燃料，与固体燃料配合使用的还有一个简易炉架、一盒火柴、一个持罐夹。这套加热器主要用来加热口粮中的主菜罐头。与美军的无火焰口粮加热器相比，固体燃料具有生产工艺简单、使用范围广、贮存期长、易与不同的主菜罐头配套使用等优点。缺点是加热器体积大，使用时受环境因素影响较大，热效率低，不能加热软包装罐头等。

在战场上进食的法军士兵

第 2 章　单兵作战装备

2.6 无人装备

2.6.1 无人机

无人机是指由无线电遥控设备操纵或自动程序控制装备操纵的不载人飞机，它既可用于侦察，又可用作靶机，也可以同其他飞机一起编队执行任务，有的还可独立完成突击任务。

MQ-5 "猎人" 无人机起飞

在单兵作战中，无人机主要用于执行情报侦察任务。它可以担负战略情报和战术情报的双重搜集任务，在效率和安全性等方面优于传统的有人侦察机。在战略情报方面，无人机相比传统侦察机可以在更长时间、更广空域内连续航行，不间断地搜集情报，并无生命代价。相对于太空侦察卫星网络，无人机更具灵活性和机动性，使侦察网络更加严密，侦察图像也更清晰。

RQ-7"影子"无人机

RQ-11"渡鸦"无人机

第 2 章 单兵作战装备

无人机的战术情报侦察能力更是无可替代。战场环境复杂多变,尤其在城市巷战、丛林、山地等复杂的作战环境下,侦察的难度较大。而利用单兵无人机系统,士兵能从掩体和隐蔽的场所洞悉其作战环境,比以往更早地发现威胁,能够更快、更好地评估态势并作出决策,使任务执行效率提高,士兵的战术风险降低。利用无人机进行环境侦察,能够快速准确地获取敌情,以空中视角俯瞰战场全局。

RQ-20"美洲狮"无人机

单兵使用无人机作战的典型过程为:士兵到达合适的起飞位置后,对设备进行检查和调试;在确认设备正常后,操控无人机进行高空覆盖式巡查,无人机在飞行中通过智能化系统搜集敌方战场部署的相关信息;随后将所搜集的资料回传到地面指挥系统,及时汇报指挥人员;指挥人员在接收到资料后,制订计划,展开行动;无人机能够实时监测战场情况,在完成指定任务后,自动按规划路线返航。

"扫描鹰"无人机

现役小型无人机				
名称	原产国	长度	高度	最大速度
MQ-5"猎人"无人机	美国	6.89 米	1.7 米	203 千米/时
RQ-7"影子"无人机	美国	3.4 米	1 米	204 千米/时
RQ-11"渡鸦"无人机	美国	1.09 米	0.48 米	56 千米/时
RQ-20"美洲狮"无人机	美国	1.4 米	0.43 米	83 千米/时
"扫描鹰"无人机	美国	1.19 米	0.3 米	80 千米/时
"鸟眼"无人机	以色列	0.8 米	0.15 米	50 千米/时
"云雀"无人机	以色列	2.2 米	0.3 米	55 千米/时
"月神"X-2000 无人机	德国	2.36 米	0.4 米	70 千米/时
"阿拉丁"无人机	德国	1.53 米	0.36 米	90 千米/时
S-100 无人机	奥地利	3.11 米	1.12 米	222 千米/时
"黑色大黄蜂"无人机	挪威	0.1 米	0.025 米	35 千米/时

"鸟眼"无人机

"云雀"无人机

"月神"X-2000 无人机

"阿拉丁"无人机

第 2 章　单兵作战装备

S-100 无人机

"黑色大黄蜂"无人机

2.6.2 | 无人车

无人车是一种可自主行驶或遥控操作，可一次或多次使用，并能携带一定数量载荷的地面机动平台。它的历史可以追溯到二战时期，德军在战争中使用了一种破坏用的遥控炸弹，即"哥利亚"遥控炸弹。自此之后，无人车就扮演了执行诸如排雷、爆炸物清除、攻坚、作战等高危险任务的重要角色。它能够代替士兵直接作战或在危险、可疑地区执行特殊任务，在很大程度上减少了人员伤亡的数量。

"魔爪"无人车

由于无人车具有自动操控和高度智能化的特点，因此，往往可以到达有人驾驶车辆难以到达或对人类十分危险的地域，并完成人类难以直接完成的工作而日益受到各国军方的重视，美国、英国、法国等国家一直在潜心研制军用无人车。目前，军用无人车正朝着小型化、战斗化、通用化、隐形化的方向发展。

第2章 单兵作战装备

"蝎子"无人车

无人车在近年来的军事行动中得到了严格的测试,既展现了无与伦比的优势,又暴露了一些不足之处。各国现役的无人车品类繁多,而各国首先需要解决的问题就是当前已列装的无人车设备所面临的经费问题。无人车更新换代快,产量低,这无疑成为高昂成本的代名词。尤其是新技术的引入,更让淘汰周期进入了3年,甚至1年的循环。除费用外,困扰各国研制无人车的另一个问题就是标准化。只有统一的标准,才可以进行相对低成本的量产和功能区分。

现役小型无人车				
名称	原产国	长度	高度	重量
"魔爪"无人车	美国	0.6 米	0.9 米	45 千克
"蝎子"无人车	美国	0.42 米	0.38 米	11.33 千克
"龙腾"无人车	美国	0.39 米	0.13 米	7.26 千克
"独轮手推车"无人车	英国	1.2 米	1.32 米	40 千克
"防御者"无人车	英国	1.52 米	1.15 米	800 千克

"龙腾"无人车

"独轮手推车"无人车

"防御者"无人车

2.6.3 机器人

机器人投入工业实用性研究始于 20 世纪 40 年代。1958 年,美国阿拉贡实验室率先推出世界上第一个现代实用机器人——仆从机器人。此后,英国、法国、意大利等国也相继开展实用机器人的研究,并先后推出了各自研制的机器人。20 世纪 60 年代,美国在市场上推出了首批用于工业生产的机器人,之后,机器人开始在全世界范围内蓬勃发展起来。

20 世纪 60 年代中期,电子技术有了重大突破,一种以小型电脑代替存储器控制的机器人出现了。机器人开始有了"某种感觉"和协调能力,能自主地或在人的控制下从事稍微复杂一些的工作,这就为军事应用创造了条件。1966 年,美国海军使用机器人"科沃",潜至 750 米深的海底成功地打捞起一枚失落的氢弹,使人们第一次看到了机器人潜在的军事使用价值。

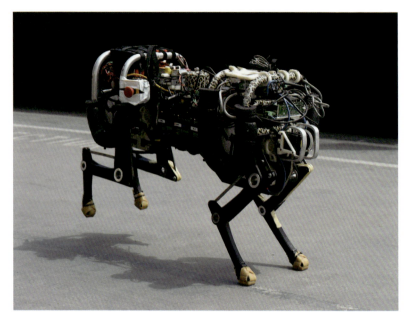

美国"猎豹"机器人

20世纪70年代以后，随着人工智能技术的发展和各种传感器的开发使用，一种以微电脑为基础，以各种传感器为神经网络的智能机器人出现了。这种机器人不仅能从事繁重的体力劳动，而且有了一定的思维、分析和判断能力，能更多地模仿人的功能，从事较复杂的脑力劳动。再加上机器人先天具备的各项优点，世界各国开发军用机器人的热情日益高涨。时至今日，美国、英国、日本等国都制订了发展军用机器人的长远计划，仅美国列入研制计划的各类军用机器人就有数十种。毫无疑问，随着智能机器人相继问世和科学技术不断发展，军用机器人异军突起的时代已经为期不远。

军用机器人可以做到许多常人无法做到的事情，不但能够在恶劣地形和气象条件下布设障碍或排除障碍，还可以作为陆地、空中、海上的军用机械或武器平台使用，而且能够代替士兵出生入死、浴血奋战。美国著名军用机器人专家戴维斯博士认为，目前机器人士兵进入实用化已不成问题，下一步的任务是使这种特殊的军事手段更经济、成本更低。

第 2 章　单兵作战装备

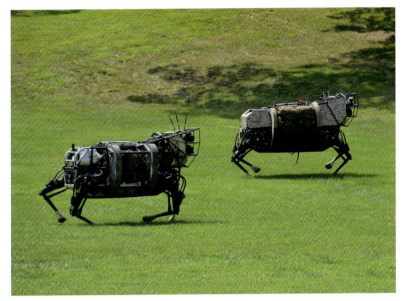

美国"领头狗"机器人

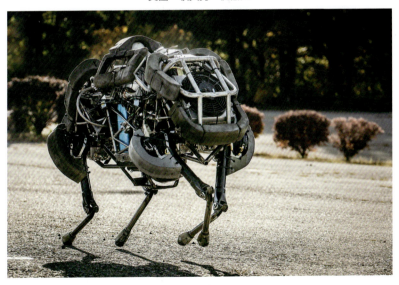

美国"野猫"机器人

美国"小熊"机器人

第 3 章
身心素质训练

　　古今中外能征善战的精锐之师，无不是从严苛的训练和残酷的战场中磨砺而来。只有不间断地训练，才能练就一支战斗力过硬的队伍。在现代军队中，最基本的训练就是身心素质训练，也就是体能训练和心理训练。

3.1 体能训练

3.1.1 军人体能的内涵

军人的体能要求

体能通常也称体力,是指进行运动或劳动所需要的身体能力,既包含运动能力,也包含劳动能力和其他形式的身体活动能力。对军人而言,除身体活动能力外,还需要适应各种环境和应付突发事件的身体和心理上的能力。因此,军人的体能,是指在体力劳动、训练和其他活动中能够有效地发挥作用,并且还有足够的精力应付任何可能发生的紧急事件的能力。也就是说,军人的体能除了体力以外,还包括适应及应急的能力。

军人的体能要求,主要包括以下内容:①耐力素质。这是军人体能的重要组成部分之一,它能够在训练和工作时,保证工作肌肉获得足够的氧气,从而产生人体活动所需的能量。高水平的耐力素质可以满足身体持续活动的需要,不致过早疲劳,并有助于负荷训练后的快速恢复。②肌肉力量与肌肉耐力。肌肉力量是指肌肉或肌肉群克服阻力,一次收缩所产生的最大力量。肌肉耐力是指肌肉或肌肉群长时间以最大力量重复运动的能力。③柔韧素质。关节和任何联合关节在正常范围内最大活动的能力,以及指关节活动的幅度。良好的柔韧性,有助于军人更有效地完成诸如搬运、攀登、跳伞、跑步等体力任务,并减少损伤。④对抗性素质。军人在外界压力和环境变化中正常发挥体能水平的能力。

另外,现代高技术战争对军人体能还有其他要求:一是抗眩晕能力。现代战争的战区广阔,军人的行动已不再是两条腿走天下。军队的高度机动与快速推进,使军人必须适应几个小时甚至数十个小时的车载、舰载、空运,抗眩晕能力受到考验。尤其是登陆作战,士兵由于舰船在大风大浪中的摇摆颠簸会发生呕吐现象,严重者会丧失战斗力,这使得机体的抗眩晕能力更为重要。二是野外生存的适应能力。现代战争已打破了地域界线，士兵可能需要面临各种恶劣环境。在部队远离营区时，后勤补给随时可能受阻，孤立无援无水无粮的情况随时可能发生。核生化武器投入战场，动物、植物、水源也将受到严重污染。因此，军人野外生存适应能力也是现代战争对军人体能的客观要求。

美国海军陆战队士兵通过举圆木锻炼体能

美国陆军士兵借助单杠锻炼体能

美国海军陆战队士兵通过攀爬绳梯锻炼体能

英国陆军士兵进行越障训练

单兵作战指南

军人体能的误区

受限于个人经验，部分新兵对体能的理解存在误区，而错误的思想往往会导致错误的行动。因此，要正确理解军人体能的内涵，就必须纠正以下错误观点。

一是将军人的体能简单理解为一般的身体运动能力，如奔跑、跳跃、投掷等。于是，有人错误地用"米数、秒数、个数"来作为衡量军人体能的标准。如练习投弹，有的士兵动作单一，片面强调投掷的米数，使其左右臂发展不平衡。从单方面看，投弹的米数确实增加了，但从整体能力上看，其身体的协调性和灵活性下降，使之体能下降。因此，要正确理解军人体能这一概念，用科学的方法指导训练。

二是认为体力不如智力重要。有人认为高技术战争是拼技术、拼智慧、拼人才的战争，体力的作用不突出，也不重要。事实上，现代战争作战空间广阔，战机转换迅速，作战手段变化多端，条件更加复杂，特别是在地形不熟、气候恶劣、后勤保障不力的情况下，对军人的耐力、适应力、灵敏度等身体素质和勇敢、坚韧、顽强、刻苦的精神素质提出了新的更高的要求。即便在和平时期，要完成训练、施工、执勤、生产劳动、抢险救灾等任务，也不能没有强健的体魄。

三是认为技术决定一切。信息化时代，各类高技术装备的广泛运用的确对战争形态产生了较大影响，加上媒体的极力渲染，有人对现代战争产生了"技术决定一切"的错误认识，认为武器装备的优劣是决定战争胜负的唯一因素，而平时的政治思想教育、作风养成和体能训练，都可以减少甚至省略。这是一种错误的观念，科技含量再高的武器装备，也需要高素质的军人去操纵。

正在进行耐力训练的英国海军陆战队士兵

第 3 章 身心素质训练

正在做俯卧撑的美国陆军士兵

3.1.2 | 体能训练的地位

体能训练的作用

中外军队的战争经历充分说明了军人体能在战场上所发挥的重要作用。良好的体能是完成作战任务的基础。由于士兵要在很多恶劣环境中与敌人进行力量和耐力的角逐,没有好的体能,甚至难以自保,更难以完成任务。

军事技能是军人克敌制胜的基础条件,而强壮的体魄是军人技能的载体,顽强的意志是消灭敌人的精神力量。体能训练一向被认为是各种战术训练、技术训练的基础,且通常在军事训练中作为相对独立的基础训练阶段而存在。体能训练对增强心理素质也有重要的作用,拥有强健体魄的军人,面对各种困难和紧急情况的应变能力都比较强,从而在信心、勇气上高人一筹。

海湾战争等几场局部战争证明,在现代高技术战争条件下,战争的突然性、快速性、剧烈性与日俱增。军人在战场上的生存环境发生了巨大变化,需要军人有强壮的体魄和坚强的意志,不但对军人的体能要求没有减弱,反而对体能水平和训练质量提出了更高的要求。要求通过体能训练,使军人从力量、速度、耐力素质到灵敏、协调素质,都达到一个新的高度,尤其是军人的抗晕能力、抗疲劳能力、野战生存能力和高负荷的心理承受能力,在现代战争中显得尤为重要。对外界各种复杂环境的适应能力及心理承受能力,将直接影响到军人其他身体素质在战争中能否充分发挥。只有全面、均衡发展,才能真正提高军人的体能水平,并在战争中得以充分发挥,提高部队战斗力。

正在进行力量训练的美国陆军士兵

积极进行体能训练的美国陆军预备役士兵

体能训练的制度

目前,世界各国军队都十分重视体能训练。美国、俄罗斯等军事强国将体能达标作为军人的最低职业要求,并建立和完善相关制度机制,使军人体能训练走向科学化、制度化、规范化。美军秉持"军人即士兵"的基本理念,并将其贯穿部队训练与院校教育之中。美军提出要将作战部队官兵打造成"作战士兵",目标直指未来战场。美国陆军野战条令《身体准备训练》中明确指出,身体训练的根本目的是满足战争需要,要紧紧围绕作战需求与战场环境展开,体能训练周期要与作战准备周期保持一致,以确保最佳的身体准备状态。美国陆军、海军陆战队等提出作战体能的概念,将体能与作战直接联系,并对战斗行为进行动作分析,进而提出相应的体能训练手段。

第3章 身心素质训练

俄军认为，体能准备是作战准备的基本构成，体能训练的目的是确保军人的体能状态能够满足遂行作战任务和其他军事任务需要。2014年3月，俄罗斯发布总统令，恢复实施"劳动与卫国体育制度"。俄罗斯一系列体能训练改革动作的背后，是其对现代战争中军人体能训练价值与作用的重新审视与定位。

2013年4月，加拿大国防部颁布实施最新的体能训练计划，明确体能训练要基于作战需求。此前，加拿大军队对过去20年间加拿大军人400多种军事动作行为进行了分析研究，梳理出20多种配合作战需求的体能训练项目，并将其列入训练计划，具有很强的实战性和针对性。

为了让军队的体能训练取得良好效果，美国、俄罗斯等军事强国还建立了完善的体能训练管理体制。美军实行分军种领导管理体制，以陆军为例，美国陆军训练与条令司令部和部队司令部均设有专门机构，负责制订体训练条令条例、训练计划；师旅级单位编配专职人员，负责制订具体计划、提供训练保障、监督训练实施、评估训练效果；营连级单位编配体能教练，负责组训实施，据估算，体能教练人数有3000余人。美国陆军颁布的涉及体能训练的条令条例高达29部，其内容涉及体能训练的方方面面。此外，美国陆军体能训练法规延续性强，1919年颁布的指导军人体能训练的战术级条令《身体训练》，迄今为止已进行过12次修改（2012年，该条令改名为《身体准备训练》），从未中断。

美国陆军训练与条令司令部标志

俄罗斯国防部于2009年和2013年相继颁布和修订了《俄罗斯联邦武装力量体能训练条例》，详细规定体能训练的内容方法、条件建设、器材标准配置和奖励措施等，指导性和可操作性很强。俄军总参谋部设体育训练局，各军区（舰队）、集团军、旅（团）设体育训练主任，各部队配备专职体能教练员，全军编制2400名体能教练员，其中旅级单位编配分管不同项目的专职军体教官10～15人。

以色列军队的体能训练由总参条令与训练局统辖，各级司令部和部队配备专业军官，负责所属部队体能训练计划和指导；配备体能训练教员，负责训练计划的具体实施；配备体能训练骨干，协助教员组织日常体能训练。

对于军队体能训练的配套设施，各国军队也有明确的建设规格和要求。俄军对团、营、连三级单位体能训练器材、场地设施保障标准都进行了规范，其中，团级单位规定要有体育（球类）馆、田径场、游泳池等 18 类 27 种场地及配套设施，连级单位要有单双杠、哑（杠）铃等 14 种训练器械和 17 种考核器材。以色列军队专门负责全军体能训练的第八训练基地，在全国设有 36 个中心，均建有基本训练场及相应器材设施，便于部队就近参加训练和测试。

为切实提高体能训练效率，美军、俄军等均强调体能训练要紧紧围绕作战任务，训练计划必须紧紧围绕军人身体准备和战斗力生成规律。美国陆军将体能训练划分为新兵强化阶段、提高阶段和保持阶段 3 个层次，运用阶段性训练方法组织体能训练；根据部队作战准备周期制订相应的周期化体能训练计划；训练计划按年、月、周、天予以区分，并由训练与条令司令部颁布实施。俄军根据完成不同作战任务的身体需求，设置了体操、擒拿格斗、翻越障碍、田径、滑雪、军事实用游泳 6 大类 60 个训练课目。

美国海军陆战队士兵进行徒步行军训练

第 3 章　身心素质训练

正在进行体能训练的美国陆军士兵

美国陆军士兵练习引体向上

高大强壮的俄罗斯特种兵

3.1.3 热身运动

🢒 热身运动的作用

在进行体能训练时,士兵的机能能力和工作效率不能在一开始就达到最高水平,因而需要通过热身运动调整状态。热身运动是指在主要身体活动之前,以较轻的活动量,先行活动肢体,为随后更为强烈的身体活动做准备,目的在于提高随后激烈运动的效率和安全性,同时满足人体在生理和心理上的需要。

热身运动能使士兵充分调动运动系统的活力,为即将进行的剧烈运动做好准备。其作用具体表现为以下几点:一、可使体温升高,提高肌肉的弹性、反射速度和收缩速度,从而能有效地预防肌肉拉伤。二、可使肌肉毛细血管扩张,减少外周阻力,增加肌肉中的血供应。在较高体温情况下,血红蛋白和肌红蛋白能释放更多的氧,从而增加肌肉的有氧供应。三、热身运动可以使关节腔内分泌更多滑液以减轻关节面软骨间的摩擦,减少进行剧烈的运动时造成的关节软骨损伤。四、可以提高韧带的柔韧性,有效地预防韧带的撕裂伤。

热身运动能使士兵的大脑反应速度提高,能及时对参与运动的主动肌(收缩肌)和对抗肌(放松肌)进行精细的调节,有效地防止肌肉韧带拉伤。热身运动还能使士兵的大脑皮层处于兴奋状态,提高人体的警觉性,不易发生意外损伤。此外,热身运动还能调整体能训练前的紧张心理,为顺利训练做好心理上的准备。

正在进行热身运动的美国陆军第 1 骑兵师第 2 骑兵团士兵

第3章 身心素质训练

热身运动的原则

各国军队在体能训练前进行的热身运动并没有固定的内容，但都会遵循一定的原则来进行，以便取得良好的训练效果。一般来说，热身运动的原则有以下几点。

首先，热身运动的时间和运动量要适宜。热身运动是为训练做准备，不能时间过长、运动量过大，以免造成体力消耗过大，影响体能训练的正常进行。时间太短、运动量太小，则不能达到热身效果。

其次，热身运动的内容选择要有针对性。如果体能训练的内容是长跑，那么热身运动就应该安排一些与跑步相关的项目，如小步跑、高抬腿跑、后蹬跑和加速跑等。这种做法的好处是便于引起与体能训练内容相应的人体生理变化，提高人体有关中枢神经的兴奋性。

再次，热身运动的强度和密度，动作幅度的大小，步频的快慢都应循序渐进，做到由简到繁、由易到难、由慢到快、由小到大。热身运动既要有一般性的热身运动，也要有针对性的练习，使身体各主要器官得到充分的活动。

最后，热身运动应注意形式新颖有趣。长期固定的热身运动内容，会让士兵感到单调枯燥甚至产生厌烦情绪，这样对调动士兵的训练积极性十分不利，同时也降低了热身运动的效果。因此，热身运动要通过各种途径，采取丰富多彩、变化多样的方式进行练习。

美国陆军士兵正在进行热身运动

热身运动的方法

热身运动的方法丰富多样，最常见的方法有以下几种。

- 拉伸大腿后部肌肉

坐在地上，右腿在体前伸直，左腿弯曲，外侧贴近地面，与右腿组成三角形，背部挺直，从胯部开始前倾，双手抓住右脚脚尖，保持这个姿势30秒，手触脚尖时不允许有弹动式动作。然后换腿做。每条腿拉伸3～5次。

- 拉伸大腿内侧肌肉

坐姿，双脚在体前伸直并分开，保持背部和膝盖部挺直，从胯部向前屈体，双手从腿内侧去抓住双腿的脚踝，保持这个姿势，感觉大腿内侧被拉紧，放松，然后重复3～5次。

- 拉伸小腿（后部）肌肉

俯身，用双臂和一条腿（伸直，脚尖着地）支撑身体，另一条腿屈于体前放松，身体重心集中于支撑脚的脚尖处，脚跟向后、向下用力，感觉到小腿后部肌肉被拉紧，保持紧张状态，10秒后放松，重复3次。然后换另一条腿做3次。

- 拉伸背部肌肉

坐姿，双腿在体前贴紧伸直，上身前倾用手指去碰触脚尖，尽量让腹部、胸部靠近腿部，保持20秒，放松。然后重复3～5次。

- 肩部环绕练习

直立，双腿分开与肩同宽，手臂自然下垂，腹部用力收紧，双肩利用肩背肌群力量向后环绕10次，再向前环绕10次。单肩左右交替向后环绕、向前环绕各10次。

- 摆胯及绕胯练习

直立，双腿分开略比肩宽，双腿微屈，手放在胯骨上。上身正直，利用腰肌力量使胯部左右摆动各10次，注意腹部收紧。然后顺时针、逆时针环绕各10圈。

- 扭膝旋转练习

两腿并拢，屈膝半蹲，两手扶膝，轻轻转动膝部，可以先从左至右转动，再从右至左转动，各自转动或交替转动10～15次。

● 脚尖环绕练习

直立，抬起右脚离地 15 厘米左右，脚跟固定、脚尖画圈，顺时针、逆时针各 10 圈。而后换左脚。

常见热身动作示意

3.1.4 耐力训练

军人的耐力素质指的是人体长时间进行肌肉工作的能力，也可看作对抗疲劳的能力。在训练和实战中，士兵要经常进行长时间的激烈运动，体能消耗颇大，机体极易出现疲劳现象，耐力差、体力减弱就会使士兵速度缓慢、反应迟钝、攻防失措，处于被动挨打的局面。只有耐力好、体质强的士兵，才能始终在行动中有条不紊。耐力训练是单兵训练中的重要内容，普通部队如此，特种部队更甚，世界各国特种部队选拔新兵时均会进行耐力测试。

士兵的身体活动诸如跑步、行军、游泳、滑雪、划船、爬台阶等，都会对心血管系统和呼吸系统提出特别严格的要求。在训练和实战中，这些系统给肌肉提供氧气,其中大部分氧气用于供应肌肉收缩所需的能量。任何连续使用大肌肉群 20 分钟或更长时间的活动,都会对这些系统提出更高的要求。正因为如此,耐力训练时应采用形式多样的训练方法来改善心肺功能。在这些训练方法中,跑步是主要的方法之一。与其他训练一样,跑步也要系统化。在每周的训练中,以下各类训练要交替进行。

快速跑

快速跑是以最快的速度跑完规定距离,通常是 50 米和 100 米。快速跑的要领是后蹬充分,前摆幅度大,步频快,重心移动平稳,两臂摆动配合好。进行快速跑时,最初不要背负任何东西,而后逐渐增加负重。每次训练时要仔细计时,然后在下次训练时试着在相同时间内跑完更远的路程。

美国陆军士兵进行快速跑训练

长跑

长跑,即长距离跑步,路程通常在 5000 米及以上。各国军队的长跑距离往往设定为 5000 米左右,如 2011 年美国陆军司令部颁布训练规范《身体训练》,其新兵训练项目中废除了刺枪术和 8000 米长跑,改为 3 英里(约

4830米)长跑。5000米作为中跑的上限和长跑的起点,正好在一个体能的临界点。以5000米为限,小于这个距离,可以练习快速冲锋;大于这个距离,可以练习长距离行军。能跑5000米的士兵,更容易适应作战中不同战术跑的要求。另外,也有战略方面的原因,一个步兵连的作战半径通常是5000米,步兵连配备的中型迫击炮的射程是5000米,步兵载具战场投放的最大距离是5000米,后方补给点和医疗站的设置距离往往也是5000米。

美国陆军士兵进行长跑训练

耐力跑

耐力跑是一项有氧代谢的长距离跑步运动,一般建议选择地形变化大和有挑战性的山路,如果可能最好有不同的路面(如草地、沙地、碎石等)。这种训练方式一般都要有负重,而且尽可能地跑远一些。这意味着在运动中要不断地在跑步和快走之间变换以防疲劳,士兵在快走时不应感到放松,而要快速大步前进,同时摆动双臂。在这个过程中,要利用不同方法辨明方向,经历各类天气状况。

美国陆军士兵进行耐力跑训练

除了跑步,基本体操训练也是一种非常有效的训练方法,它不仅可以提升耐力,还可以增强力量和柔韧性。在进行跑步和体操训练的同时,还可以穿插进行游泳这种相对温和的训练,尤其是海军陆战队、特种部队等需要执行两栖作战任务的部队。

美国陆军士兵进行基本体操训练

单兵作战指南

美国陆军士兵进行武装泅渡训练

3.1.5 | 力量训练

　　力量训练是指通过多次数、多组数、有节奏的负重练习,并达到改善肌肉群力量、耐力和形状目的的运动方式。通过循序渐进的力量训练,军人的肌肉力量和耐力都能得到较大的增长。力量训练的方法主要有两种,即非器械训练和器械训练。

☞ 非器械训练

俯卧撑

　　俯卧撑是一种简单易行却十分有效的力量训练手段,其主要作用是提高上肢、腰部和腹部的肌肉力量。俯卧撑可以改善中枢神经系统,有益于骨骼

第 3 章　身心素质训练

的坚实、关节的灵活、韧带的牢固、肌肉的粗壮及弹性,同时能加速血液循环,增大肺活量。

俯卧撑的标准动作为:双手支撑身体,双臂垂直于地面,两腿向身体后方伸展,依靠双手和两只脚的脚尖保持平衡,保持头、脖子、后背、臀部以及双腿在一条直线上。起始动作达标后,两个肘部向身体外侧弯曲,身体降低到基本靠近地板。收紧腹部,保持身体在一条直线上,持续 1 秒,然后用力撑起,回到起始位置。

正在做俯卧撑的美军士兵

引体向上

引体向上重点锻炼背阔肌和肱二头肌,对肩胛骨周围许多小肌肉群以及小臂肌群也有一定的训练效果。不同握距的正握引体向上能发展大圆肌、小圆肌、冈下肌、斜方肌、肱二头肌、背阔肌,但是侧重点不同。宽握引体向上重点刺激背阔肌中、上部;中握引体向上重点刺激斜方肌;窄握引体向上重点刺激背阔肌上部、大圆肌。正握颈后引体向上重点刺激背阔肌中、上部,大圆肌,小圆肌,菱形肌,背部深层肌肉。

单兵作战指南

引体向上种类多种多样，主要分为静力引体向上和借力引体向上（可以摆动身体）两大类。静力引体向上对手臂力量的要求较高，没有太多技巧。借力引体向上的技巧性较强，对手臂力量的要求相对较弱。静力引体向上的标准动作为：两手用宽握距正握（掌心向前）单杠，略宽于肩，两脚离地，两臂自然下垂伸直。起始动作达标后，用背阔肌的收缩力量将身体往上拉起，当下巴超过单杠时稍作停顿，静止1秒，使背阔肌彻底收缩。然后逐渐放松背阔肌，让身体徐徐下降，直到回复完全下垂，重复再做。在此过程中，可以弯曲膝关节，将两小腿向后交叉，使身体略微后倾，能更好地锻炼背部肌肉。

借力引体向上的起始姿势和静力引体向上相似，其标准动作为：两手正握单杠，将身体悬垂于空中，摆动身体，借摆动身体急停的力，双手向上拉杠，将下巴高于杠面，下杠时双臂缓慢弯曲，身体慢慢还原到启动状态，然后顺势将双膝弯曲，再借力完成下一个动作。

正在练习静力引体向上的美国海军陆战队士兵

美国海军陆战队新兵正在练习引体向上

第 3 章 身心素质训练

臂屈伸

臂屈伸以练习胸肌、肱三头肌和三角肌（前束）为主，兼练背阔肌、斜方肌等。最佳器材为双杠。臂屈伸的标准动作为：手臂伸直握住双杠，身体始终处于含胸、低头、收腹、弓背、小腿交叉并屈膝状态，让膝盖始终处于双臂的垂直延长线之前。以胸大肌的力量控制身体下降，在下降过程中让双肘尽可能地向外打开，最大限度地拉开胸肌。在身体下降到肘关节略小于90°时，有意识地用胸肌发力进行收缩，使身体上升。

做臂屈伸时，杠间距离的最低限度是与肩同宽。若士兵的水平较高，可将距离加宽，杠间距离越宽，动作的难度也越大，能更有效地刺激胸部外沿的轮廓。另外，身体下降的幅度越大，胸肌被拉伸的幅度越大，肌肉被刺激的程度也越深，动作也越难。

正在练习臂屈伸的美国陆军士兵

腹肌屈伸

腹肌屈伸是锻炼腹肌最好的方式，它比传统的仰卧起坐有效得多。这是因为仰卧起坐主要依赖背部肌肉力量调动躯干直立，而不只是依靠腹肌。腹肌屈伸的区别在于让躯体尽量蜷起而让腹肌用力。一个技巧就是把两腿平放在地板上，双膝屈起，并尽力抬向胸部，这样也可以锻炼底部的腹肌。不管如何做，都不要太过用力，而且要保持背部一小部分在地板上。直接腹肌屈伸主要是锻炼前部腹肌，但更全面的腹肌锻炼可以通过传统屈伸和扭动屈伸达到。这种情况下，当身体抬起时，扭动身躯至与双膝相对一边的肩部。扭动身躯到另一侧重复同样的动作。

单兵作战指南

正在练习腹肌屈伸的美国陆军士兵

弓箭步

弓箭步可以帮助锻炼大腿和腿部上部肌肉，提高膝关节的灵活性。弓箭步的标准动作为：身体站直，然后一条腿向前跨一大步，前屈直到大腿与地面平行。而后收回腿站直，换另一条腿重复同样的动作，并不断更换两腿。向前跨出时要保持身体挺直，因为弯曲就会影响训练的效果。

正在练习弓箭步的英国女兵

器械训练

与非器械训练相比，器械训练能更有效地锻炼肌肉。在器械训练中，有一些重要的原则需要遵循，这样才能让训练更好地发挥效用。

首先，不要只盯着重器械，以免导致练习动作缓慢。重器械可以让肌肉强壮，但也会让肌肉的反应速度迟缓。所以在器械训练时，重、缓运动和轻、快运动要合理搭配，以便让肌肉保持较好的反应速度。士兵要根据自己的情况选择合适的器械，要从轻到重，不要试图与其他人攀比。

第3章 身心素质训练

其次,平均分配四个部位的训练时间,即肩部和胸部、手臂和背部、腹部、腿部。注意每个部位的锻炼,就不会在训练中造成肌肉力量失调。同样,也要记住训练时间不要过长,1小时左右即可,时间太长就会令肌肉用力过度。

最后,进行器械训练时要掌握分寸,循序渐进,不要操之过急。运动量过大,会损伤身体。在初练阶段应多选择一些负荷重量较轻的练习手段。采用负荷重量大的练习时,次数不宜太多。一般来说,每天进行2～6块肌群的锻炼,每块肌群练习30～240次。上肢的负荷重量以5～30千克为佳,下肢以30～60千克为佳,腰腹以10～30千克为佳。

此外,还应遵循这样一个原则:大肌群的练习次数要多些,负荷重量相应要大些。小肌群的练习次数相应少些,负荷重量相应轻些。锻炼同一块肌群时负荷重量大,练习次数就要少。负荷重量小,练习次数相应要多些。运动量的控制以保证在第二天继续训练时精力充沛为标准。器械训练应长期坚持,特别是在初始阶段,并且随着肌肉的逐渐发达,每次训练的负荷重量和训练次数还要相应增加,以促进肌肉的进一步生长。此外,进行器械训练后还应适当增加营养,因为肌肉运动需要大量的能量。

美国陆军士兵通过举重锻炼肌肉力量

正在进行器械练习的美国陆军女兵

3.1.6 柔韧性训练

柔韧性是指人体关节活动幅度以及关节韧带、肌腱、肌肉、皮肤和其他组织的弹性和伸展能力,即关节和关节系统的活动范围。柔韧性可以分为主动柔韧性和被动柔韧性。主动柔韧性是指利用肌肉可以使关节活动的范围,被动柔韧性则单纯指关节活动的最大范围。无论如何,主动柔韧性不能超出被动柔韧性的活动范围。

影响柔韧性的因素有:关节骨结构,关节周围组织的体积,韧带、肌腱、肌肉和皮肤的伸展性。其中,最后一项与提高柔韧性关系最大。柔韧性不仅决定于结构的改变,也决定于神经对骨骼肌的调节,特别是对抗肌放松、紧张的协调。协调性改善可以保证动作幅度加大。

士兵的柔韧性得到充分提高后,人体关节的活动范围将明显加大,关节灵活性也将增强。这样做动作更加协调、准确、优美,同时可以减少由于动作幅度加大、扭转过猛而产生的关节、肌肉等软组织的损伤。提高柔韧性通常采取以下两种方法。

(1)主动或被动的静力性伸展法

主动或被动的静力性伸展练习是一种行之有效且比较流行的伸展方法,它是缓慢地将肌肉、肌腱、韧带拉伸到有一定酸、胀和痛的感觉位置,并维持此姿势一段时间,一般认为停留10～30秒是理想时间,每种练习应连续重复4～6次。这种方法拉伸缓慢,可以较好地控制使用力量,比较安全,尤其适合于刚开始训练的人。

(2)主动或被动的动力性伸展法

主动或被动的弹性伸展练习是指有节奏地、速度较快地、幅度逐渐加大地多次重复一个动作的拉伸方法。主动的弹性伸展是靠自己的力量拉伸,被动的弹性伸展是靠战友的帮助或负重借助外力的拉伸。利用主动或被动的动力性伸展法进行练习时,所用的力量应与被拉伸的关节的可伸展能力相适应,如果大于肌肉组织的可伸展能力,肌肉或韧带就会被拉伤。在运用该方法时用力不宜过猛,幅度一定要由小到大,先做几次小幅度的预备拉伸,再逐渐加大幅度,从而避免拉伤。

柔韧性训练必须遵循一定的原则来进行,例如,进行较大强度肌肉伸展练习前,必须做热身活动,使身体微微出汗;肌肉伸展产生了紧绷感或感到疼痛时就应该停止练习,防止拉伤;每种姿势练习的时间和次数是逐渐增加的,随着柔韧性在锻炼过程中的提高,练习强度应逐渐加大;柔韧性练习要持之以恒才能见效,如果柔韧性练习停止一段时期,已获得的效果就会有所消退;每次伸展练习之后,应做些相反方向的练习,使供血供能机能加强,这有助于伸展肌群的放松和恢复。

美国陆军士兵通过瑜伽锻炼柔韧性

美国陆军士兵进行柔韧性训练

3.2 心理训练

由战争实践证明,战场上官兵心理活动的正常与否,直接影响部队的战斗力。良好的心理素质,可以使人不惧危难、冲锋陷阵、顽强勇敢、充满斗志;不良的心理素质则容易使人怕苦怕累、惧死畏敌,导致斗志衰退、意志动摇、厌战逃避等消极心理倾向。有鉴于此，目前世界各国军队都非常重视部队的心理训练。

3.2.1 | 勇气训练

在战争中，精神因素是影响军事行动进程和结局的重要因素之一。对于军人来说，勇敢是尤为重要的品质。恩格斯在《德国战争短评》中说："枪自己是不会动的，需要有勇敢的心和强有力的手来使用它们。"军队要想赢得胜利，除了统帅的指挥正确，就是士兵要有敢于面对危险的勇气，具体说来就是要遇事果断、敢于负责。一旦士兵有了恐惧心理，做什么事都不会有效果。

20世纪50年代，人们对如何判断和区别战场上的勇敢者与怯懦者这一问题进行了多次研究。一般认为，勇敢者的特点是：通常比怯懦者长得高，身体健康结实，擅长体育活动；通常比怯懦者的智力高，平均智商为91；人格独立，有主动精神，不内向；通常比怯懦者的职衔高；能承担其行动的责任；即使在枪林弹雨中也能保持镇静，思维清晰；与怯懦者比较，能做出快速的反应；不管是职位还是直接负责的分队指挥官不在的缘故，能够本能地追求行使领导作用；有支援整体小组的倾向；无须外界压力就有参与暴力活动的倾向。

怯懦者的特点是：在任何战斗中仅发挥最小的作用，一旦战斗开始，常常是退出并远离战斗；在枪林弹雨中，沉默寡言，需要有较大的外在动力方能采取行动；回避执行任务，懒散；屈服于精神恐怖，易患精神疾病；易患间歇性的抑郁和失望症；智力通常比勇敢者差，平均智商为78；看待事物凭主观想象，而不是面对现实；在服役期间，对家庭的赡养责任比勇敢者大。

未来高技术战争中，高技术、高威力、高杀伤武器装备的使用，全天候、全天时、立体化的战场厮杀，使战场环境更加复杂恶劣，战斗更加激烈残酷，从而对军人的心理素质提出了更高的要求。因此，各国军队依托现代心理学，采取了多种专门的措施去培养士兵的勇气。实验表明，同样的危险刺激因素重复2～3次，可使96%的士兵大大减弱畏惧心理，而人在艰险恶劣条件下的耐受力、生存能力和自制力，经过适应性训练更会有惊人的提高。美国、

第3章 身心素质训练

俄罗斯等军事强国非常注重模拟训练，通过逼真的训练场景，使士兵在一定程度上接受战场的实际考验，从而在真实的战斗中不至于惊慌失措。

在某些国家的军队中，勇气训练的方法非常极端。例如，美国海军陆战队常常训练士兵喝眼镜蛇的血液，一来是为了锻炼胆魄，二来是为了训练士兵的丛林生存技巧。俄罗斯特种部队有一个特殊的训练方法，士兵们两人一组，一个穿上防弹衣，一个不穿防弹衣。不穿防弹衣的士兵向穿防弹衣士兵的身上射击，然后穿防弹衣的士兵向不穿防弹衣士兵身边的靶子射击。白俄罗斯安全部队要求士兵能用头撞碎烧烫的石板。

目前，美国陆军已经投入较大的资源，建立了肯尼迪特种作战中心与学校，作为专门对士兵进行心理作战训练的基地。该基地能够实施陆军各级部队和人员的心理作战训练，其中对士兵的心理作战训练又区分为多个层次，采取不同的训练方法。在单兵训练方面，该校开设了心理战军事专业高级单兵训练课程、心理战课程等。

严格的训练能很好地锻炼士兵的勇气

3.2.2 克服恐惧训练

恐惧的表现

恐惧是指人或动物面对现实或想象中的危险、自己厌恶的事物等产生的处于惊慌与紧急的状态,伴随恐惧而来的是心率改变、血压升高、盗汗、颤抖等生理上的应激反应,有时甚至发生心脏骤停、休克等更强烈的生理反应。

人在感到恐惧时,有可能产生的生理反应包括:肾上腺素大量释放,机体进入应激状态,心跳加快、血压上升、呼吸加深加快;肌肉(尤其是下肢肌肉)供血量增大,以供逃跑或抵抗;瞳孔扩大、眼睛大张,以接受更多光线;大脑释放多巴胺类物质,精神高度集中,以供迅速判断形势;胃黏膜变白、胃酸停止分泌,可引起消化不良。

在行为上,处于恐惧状态的人常常呆立不动或者横行无忌,少言寡语或者变成话痨,力大无穷或者感到软弱无力。而且在不同情境、不同性格特点的人,都有不同行为发生,有时一个人可能有几种行为发生,这要取决于他的高级神经活动类型,以及平时的行为养成、反应方式和生活定式。同时,恐惧时的反应结果是完全不可预见的。

对于军人来说,恐惧是很容易出现的情绪。因为在瞬息万变的战场上,军人随时随地面临着各种危险,前一刻还在并肩作战的战友,下一刻就可能被炸得血肉模糊。尤其是在敌我悬殊或战局不利时,恐惧情绪很有可能像瘟疫一样蔓延全军,导致战事失利。

德国电影《最后的桥》(1959年)中因恐惧而哭泣的德国少年兵

第3章 身心素质训练

恐惧的意义

恐惧会使人经常处于紧张状态，缺乏自信，阻碍个性的充分发展。束缚人的积极性，积极性一旦出现就会立刻被扼杀。由于惊慌和恐惧的长期作用，机体内会产生和发展出各种各样的身心疾病。如果让恐惧持续占据心灵，士兵们最终就会被击垮。

如此看来，恐惧似乎有百害而无一利。其实不然，恐惧是人的一种原始自我保护情绪，它最初在进化过程中的产生目的是保护人的机体免遭原始生活的各种危险。所以，恐惧也有一定的积极意义。

恐惧的积极作用包括：①恐惧会动员人的力量投入积极活动，这在危机情境中常常是非常有必要的。②恐惧具有侵犯调节器和肯定社会秩序的作用。对惩罚的恐惧可以抑制原发性的生物侵犯表现，并保证大多数公民在法律范围内行事。③恐惧可促进对危险和不愉快事件的良好记忆。④恐惧可以让人的所有感觉器官的作用更加敏锐，让人可能发现或预见微小的危险征兆，集中注意力和控制力。

总而言之，恐惧虽然是一种不良情绪，但有时会挽救人的生命。恐惧使人逃离险境、远离危险，恐惧可以在生命的紧急关头给人以力量和完成重要行为的决心，恐惧还可以充分调动人的所有知识、能力、阅历经验，为解决当前的危险或冲突而超常发挥。

著名哲学家伊曼努尔·康德说过，恐惧是对危险的自然厌恶，它是人类生活中不可避免的和无法放弃的组成部分。从长远来看，有意识地与自身的恐惧作斗争才是在血肉纷飞的战场上存活下来的唯一选择。拿破仑就曾经利用法国士兵对失败的恐惧、对玷污荣誉的恐惧，调动了军队压倒一切的精神。我国古代著名军事家韩信也曾利用"背水列阵"这个本来是兵家大忌的办法来激励部队，抓住了士兵恐惧、求生的心理，提高了部队的士气，反而取得了胜利。

美国陆军上将乔治·巴顿从步入军界起，就把美国第三任总统托马斯·杰斐逊的一句名言作为自己的基本格言："不让恐惧左右自己。"他认为这是军人能够勇猛无畏的根本因素。巴顿发现自己虽然勇敢，但在危险面前并非毫无顾虑。为此，他有意进行了大量的锻炼，以此克服恐惧心理。例如，在骑术练习和比赛中，巴顿总是选择最难越过的障碍和最高的跨栏。此类锻炼为巴顿日后成为一代名将打下了坚实的基础。

驱除恐惧

战争中士兵的恐惧源于缺乏教育，缺乏经验，缺乏对"死亡是战争必须付出的代价"的理解。其实，只要方法得当，恐惧也可以化为勇气。

以勇猛无畏著称的美国陆军上将乔治·巴顿

在战争中，如果参战的士兵们自己都无法战胜头脑中的恐惧情绪，那么就算投入再多的人力、物力也无法战胜敌人。历史上，一些军队的指挥官会把那些临阵逃脱的士兵杀掉，然后用烈酒来驱逐剩下的士兵们心中的恐惧。军事历史学家约翰·基根曾指出，在15世纪的阿金库尔战役以及19世纪的滑铁卢战役中，很多士兵如果不是喝醉了，根本就无法参战。即使是现在拥有先进军事科技的美国，指挥官仍然要依赖一些原始的手段来激励士兵。

现代战争中，要想引导士兵进入战争状态，需要比陈词滥调和铁腕手段更多的东西，尤其是科学的心理训练方法。经过适当训练，恐惧可以转化为一种新奇刺激的情绪，帮助士兵突破个人的极限。

要想克服恐惧，士兵首先应该加强自己的意志锻炼，即保持镇静并面对现实。具体就是要尽量训练自己在面对引起恐惧的事物时保持镇静，先不要自己恐吓自己。每个人都有害怕的事物，这并不是什么羞耻的事情，要学会接受这个现实，并充分发挥自己的主观能动性。积极主动地对待现实，恐惧心理往往会得以消除。

军事训练本身也会产生恐惧心理，其在训练不同阶段的表现是：训练动员阶段，心理失去平衡，情绪过分紧张，意念中无限夸大训练的危险性，惊慌、焦急，甚至心跳加快，四肢颤抖；训练进行阶段，紧张情绪难以控制，动作僵硬变形，体能处于瘫痪状态，有的甚至意志动摇、逃避训练等。训练恐惧心理通常有以下几种：①知觉型恐惧。由于对训练难度产生错觉而引起心理紧张。②智力型恐惧。由于对训练缺乏科学的认识而造成心理畏惧。③动机型恐惧。由于对训练目的认识不清，害怕流血受伤。④抑制型恐惧。由于个人的应变能力差，感到难以处置紧急情况。

克服训练心理恐惧，一般从以下几个方面做起：①注意力转移。用快节奏的训练生活节律增加注意力发散的时间，可以针对士兵的不安心理，召开军事民主献计献策会，周密地制订训练计划。士兵每天记训练日记，可以有效地终止负联想机制，从而减缓和排除训练中的恐惧心理和紧张心理。②加强心理训练。人的心理对熟悉的事物、对预先有了精神准备的事件，一般不会恐惧。反之，便觉得害怕。充分利用声、光、电、烟等模拟手段来制造训练气氛，进行模拟训练，由于诱因多次出现，人的心理会重复受到刺激，训练场上就可消除和减弱恐惧心理。③增强心理素质。通过培养军人必须具备的基础心理素质，使所有士兵适应训练中的危险、紧张、复杂、困难、突然等情况，消除惊慌、恐惧、丧失信心等消极心理因素。④提高训练水准。士兵的技艺高超，心理容量大，适应性就强，就可以有效地控制恐惧、紧张心理。因此，在训练中，不可因为迁就个别士兵的恐惧心理而降低训练标准，要引导士兵懂得，只有熟练掌握手中武器，训练场上才能安全。

士兵对险难课目训练的害怕与担心，从心理学上说，是一种"险难畏惧感"。这常常是在从事某项危险而艰难的工作之前，由于过分看重其危险及艰难，加之勇气不足、把握不大，而产生的持续性精神紧张或惊恐。

要战胜这种畏惧感，首先要认识到完成险难课目不一定会出危险。同时，

单兵作战指南

要认识到紧张畏惧与出危险是高度关联的,越紧张越容易出危险,越有勇气越容易成功。此外,还要做好训练前的技术准备,包括学习有关常识,与别人探讨有关的经验,掌握正确的动作要领,进行必要的应激反应,提升自己的灵敏度。

必要时,还可以用"系统脱敏法"消除畏惧心理。一般来说,人们最惧怕的东西也是人们最敏感的东西。比如有人怕蛇,所以对蛇特别敏感。根据这个道理,如果把对某事物特别敏感的状态克服了,其惧怕体验就会随之消除。这种方法在心理学上就叫系统脱敏法。其训练步骤是:把能够引起畏惧的具体刺激按由弱到强顺序排列,先让畏惧者接受弱一级的刺激,等其对此逐渐适应不再惊恐了,再增加刺激强度,直到畏惧者的恐惧完全消失或勇气大增为止。

美国陆军士兵通过生饮蛇血克服对蛇类的恐惧

对于恐惧,最有效的消除办法就是人们精神上的天然"解毒剂"——勇敢的精神、正确的思想、自信的观念和乐观的态度。不要等恐惧的思想深深地侵入脑海后,才去用"解毒剂"。一旦先用勇敢的精神、正确的思想、自信的观念和乐观的态度填充了头脑,恐惧的思想就无法侵入。当不祥的预感、恐惧的思想在心中萌芽的时候,切不可纵容它们,使之逐渐滋长蔓延。应当立即转换思想,向着与恐惧忧虑相反的方向去思考。

在伊拉克勇敢作战的美国陆军第1步兵师士兵

3.2.3 自信心训练

自信心是一种反映个体对自己是否有能力成功地完成某项活动的信任程度的心理特性,是一种积极、有效地表达自我价值、自我尊重、自我理解的意识特征和心理状态,也称为信心。自信的士兵即使与部队失去联系,或断绝了未来的信息源时,他们也不会轻易陷入绝望的境地。所以灌输自信是预防不良压力的重要手段。当然,自信应建立在多方面基础之上。

首先,要相信自己的决策能力。部队受过良好的训练,即使部队的领导牺牲或不能参加战斗,仅凭充分的决策训练,其他所有人员均可立即接替其职位。美国海军陆战队就奉行这一原则,所有新兵自进入训练营时,就分配在需要做出大量决策的环境之中。

其次,自信心来自战友的支持。以小组为单位进行训练的部队,其成员亲密无间、相互信任。在战斗中,这种信任能转换成动力,因为谁也不想令自己的同伴失望,不想损害团体的荣誉。士兵们在训练和战斗中互相扶持,他们通常都十分热爱自己的小组并期望其壮大,动机十分明确。当这种动机进一步升华时,战争压力反应就很难乘虚而入,因为士兵们都抱有为战友奋斗的宽广胸襟,并且看淡个人得失。

再次,自信心来自出色的战术、技术能力。对于军人来说,熟练地使用各种武器是一项基本的技能。美国海军陆战队、"海豹"突击队的训练都要求新兵熟练地掌握全球军队使用的各种重要武器,完整地掌握部队的各种工具。只有这样,士兵在面临紧急情况时才不会惊慌失措。例如,英军特种兵就经常拒绝使用英军制式的SA80突击步枪,这种步枪常常出现令人烦恼的机械故障。他们喜欢使用久经战斗考验的武器,于是自行选择了美国的M16突击步枪和老式的L1A1半自动步枪。

最后,要充分发挥领导者的作用。无论对个人还是对整支部队而言,领导者在激励士兵建立自信心或使士兵丧失自信心方面都具有举足轻重的作用。领导者应该时常关心部下的身心健康,尤其要保证部下的睡眠和食品供应。根据美国陆军对睡眠课题的研究,如果无法保证较长的正常时间睡眠,那么只需在战斗打响之前用20～30分钟的时间小睡一下,便可大大消除士兵因睡眠不足引起的困倦,使其有信心面对接下来的激烈战斗。另外,领导者的鼓励和引导也是树立士兵自信心的重要途径。

美国海军"海豹"突击队士兵拥有极强的战术、技术能力

充满自信的英国陆军特别空勤团士兵

3.2.4 | 意志训练

☛ 意志的作用

意志是人类自觉地确定目的,并支配行动去克服困难以实现预定目的的心理过程。意志是人类特有的心理现象,也是人的意识能动性的表现。迄今为止,所有人类的成就,没有一件能离开意志的支撑而存在。人类的意志与行为往往难以分割。因为人类的意志总是表现在有意识、有目的、克服困难的行为之中,没有一定的行为表现就看不出意志过程。受意志支配和控制的行为称为意志行为。

意志对人的身心发展可以起到非常重要的调节作用。意志不坚定或缺乏意志,会使人难以克服心理矛盾,难以完成工作任务,难以坚持军事训练,难以练就强健的体魄,从而怨天尤人、悲观厌世,把自己置于恶性循环的怪圈之中。更有甚者,在困难与挫折面前会逃避责任或轻生自杀。具有坚强的意志可以增强克服消极情感的控制力,保持心理健康,使自己乐观、勇敢、有效地面对困难与危机,从而摒除失望、忧郁与畏缩。

军人之所以能够在战斗中屡建奇功,就在于他们具有坚强的意志。意志对军人的行动具有两方面的调节作用:一是发动行为,二是控制行为。发动行为是推动军人为达到预定的军事行动目的而采取的行为,如勇敢、顽强、坚韧不拔、舍生忘死地战斗,直至夺取胜利;控制行为是制止和预定的目标相矛盾的行为,如抑制怯懦、软弱、退缩、逃跑的行为。发动行为和控制行为是相互联系而统一的行为,它们共同实现对军人行动的支配和调节。

意志不仅对军人的行动有调节作用,对军人的情绪和心理状态也有调节作用。从军事心理学来看,军人头脑之所以清醒,正是由于意志控制了不良情绪的结果。因此,坚强、勇敢的意志品质对完成军事任务有十分重要的作用。越是激烈残酷的战争,越是需要过硬的战斗意志。一支有优良传统的部队,往往具有培养英雄的土壤,士兵们相互影响,久而久之便养成了同样顽

第3章 身心素质训练

强的性格和气质。一名又一名意志顽强的士兵,共同组成了一支百折不挠的部队。

有人认为,信息化时代的高技术武器装备极大地改变了战争形态和作战样式,已经不需要士兵上阵肉搏,所以也不再需要培养士兵英勇顽强、不怕牺牲的战斗精神。这种观念显然是站不住脚的。无论什么样的战争,人都是战争胜负的决定因素。士兵的意志品质,既是战斗力形成的催化剂,也是战斗力的重要组成部分。从现代战争的特点来看,高技术武器装备的技术性能越高,功能越齐全,对人的要求就越高,越需要发挥人的主观能动性。特别是高技术武器的杀伤力、破坏力大大增强,更需要参战人员具有顽强的战斗精神。

2018年莫斯科胜利日阅兵式上充满自信的俄军士兵

美国陆军第 25 步兵师士兵在进行山地作战

在恶劣环境中坚持训练的美国陆军第 10 山地师士兵

单兵作战指南

 意志的培养

有关研究表明，一个人优良意志品质的积淀，15%来自外部的教育和熏陶，85%来自自我调节和约束。坚强的意志，必定要经过艰苦磨炼。军人战时坚强的意志有赖于平时的训练和养成，在进行意志训练时，应着重抓住以下五个方面。

训练意志的自觉性

自觉性是一种极其可贵的意志品质，它是军人自觉地调节和控制自己的行动，使之达到预期目的的意志过程。军人意志的自觉性建立在坚定的信仰之上，只有确立了坚定的信仰，行动才有目的，才能使一切军事活动处于计划、规划和谋划之中，才能主动克服困难，努力钻研技术、战术和指挥艺术。自觉性高的军人能自觉地管理自己、约束自己，不受外界无关事物吸引，不屈从周围的压力，自主地坚持实现目标。有自觉性的军人，不用别人暗示和督促，就能独立地发现问题并行动。自觉性还表现在军人对错误目标的自觉检查和主动修正上，即便曾出现过错误，也能及时地总结经验、纠正错误、吸取教训，使行动趋于合理化。

训练意志的坚毅性

军人意志的坚毅性主要有以下几种表现：①顽强。即在战斗中勇于承受强大的压力和打击，并靠自己的意志力量使敌人屈服。②坚定。即在任何情况下都不会被困难吓倒，信念坚定不移，行动始终如一，无所畏惧地实现既定目标。③坚持。即能在较长时间内，为实现目的坚持不懈地奋斗。值得注意的是，意志坚毅并不意味着刚愎自用，知错而不改绝不是意志坚毅的表现。

训练意志的果断性

果断性是军人必不可少的意志品质。军人在战争中不仅要有沉着的性格、冷静的头脑，更要有果断的作风，绝对不能优柔寡断。训练意志的果断性应注意以下几点：①善于当机立断，克服优柔寡断。在高技术条件下，战场机动性空前增大，机会稍纵即逝，所以要求军人迅速果断地采取行动。②善于随机应变，不可生搬硬套。战场态势千变万化，随时可能出现意外状况，因此，在执行既定方案时,应善于根据变化的形势,改变行动战术。③审时度势,避免草率。战场上的当机立断和随机应变,应建立在纵观全局的基础之上。盲目自信、一意孤行都不是真正果断的表现。

训练意志的独立性

独立性是指军人倾向于自主地确立目的、做出决定、采取行动的意志品质。独立性强的士兵,在行动中能独立地根据环境和条件制定相应的行动目标,同时既不易受外界的影响而改变自己的目的、计划和方法,也不拒绝一切有益的意见和建议。独立性是士兵重要的意志品质,应对各类突发事件,完成各类困难任务,以及战场环境对单兵作战的要求,都离不开意志品质的独立性。如果缺乏独立性,士兵往往会盲目顺从、墨守成规、消极等待,在战场上必将被动挨打。

训练意志的自制性

自制性是指善于控制自己的情绪,抵制不符合目标的内心欲望和不良情绪的干扰。自制性是衡量军人意志能力的重要标志。军人意志的自制性表现在其能够用理智去支配自己的感情、欲望和注意力,使之符合军事活动的需要。同时,还应有意识地同心理上的厌倦、疏懒、灰心、畏惧、恐慌等消极情绪做顽强斗争,防止意志防线的崩溃。

要想培养上述几种重要的意志品质,可以从以下几个方面来进行:①树立远大的目标。这样有利于调动心理潜能,使人观察敏锐、记忆持久、思维深刻、想象丰富,并使人的情感充沛、兴趣集中,为实现目标锲而不舍。②从小事做起。坚强意志的培养要靠千百件小事的锻炼。只有在小事中磨炼自己,才可能在重大事情上表现出坚强的意志。③难易适度。经常为自己设置一些需要一定意志力才能克服的困难,以坚决的态度克服它,再进行总结,并品味意志成功的经验。④坚持锻炼。体能训练不仅可使人身心健康,而且能磨炼人的意志。士兵在体能训练中克服的困难越大,意志就会磨炼得越坚强。健全的体魄也使得意志行动更易于实现。⑤重视榜样的力量。将伟大人物、英雄模范及先进典型作为自己学习和模仿的榜样,学习他们的先进事迹。另外,还可收集格言、警句,用以鞭策自己。⑥勤于自省。自省是不断完善自我、不断超越自我、不断升华自己的人格和思想的一个必不可少的过程。

美国陆军士兵在肮脏的泥塘中磨炼意志

严格的训练是美国陆军士兵磨炼意志的绝佳途径

3.2.5 减压训练

战争压力的表现

在现代战争中，炮兵和空军的打击距离非常远，并具有较高的精准度和极大的杀伤力。即便是位于战线后方的士兵，也没有安全感可言。另外，为了保持战争的节奏，无法休息、无暇吃饭、光线昏暗、气候恶劣、远离同伴等恶劣的作战环境也给士兵造成了极大压力。在信息化战争中，卫星定位系统、计算机辅助的火炮测距仪、地对空导弹防御系统和密码通信等工具都要求士兵操作时全神贯注,这也加剧了士兵精神耐受力的衰竭。

二战以来,在战争中患上精神疾病的士兵不在少数。例如,海湾战争后,美、英等国参战的士兵有相当一部分患有"海湾战争综合征",这是一种在高技术战争压迫下,由于遭受武力打击和心理打击而发生的心理疾病。许多士兵在战后出现了精神压抑、疲劳、头痛、失眠、腹泻、记忆力衰退、注意力分散、肌肉和关节疼痛、呼吸障碍等各种身体不适的综合症状。这种疾病具有传染性,如果不能得到及时的治疗和遏制,将会对部队战斗力造成致命性的打击。

海湾战争中的美国陆军士兵

伊拉克战争中,美军也有不少士兵自杀身亡,还有部分士兵因心理压力问题被遣送回国。专家指出,很多伊拉克战场上的年轻士兵感到战争似乎没有尽头,军方也没有及时部署足够的后备役部队。因此,绝望情绪很容易在部队中蔓延,从而导致士兵产生轻生的念头。

战争造成的物质损失,可以通过重建来弥补。而战争给士兵带来的心灵创伤,将长久难愈。无论训练多么艰苦,意志多么坚强,很少有士兵对战争创伤具备完全的免疫力。很多士兵平时训练时一般不会感到紧张,如果是参加实战演练或者真正的战争时，就会感到不同程度的紧张。战争的直接经历会给人造成心灵伤害，那些间接的经历也会让人承受痛苦。一些曾经在某些地区发生冲突后执行维和任务的士兵，他们目睹了人们所承受的苦难，这也将给他们造成深深的创伤。

承受较大作战压力的士兵，在心理反应、生理反应、行为反应等方面会有不同表现。心理反应方面，表现为注意力集中、思维敏捷、情绪的适度唤起，这是适度的反应，有助于士兵适应环境。但过度的心理反应，如过分抑郁、烦躁、焦虑、愤怒、沮丧、健忘等，会使士兵自我评价过低、自信心减弱，表现出消极被动、无所适从。

生理反应方面，主要表现在中枢神经、内分泌系统和免疫系统等。比如心率加快、心肌收缩力增强、血压升高、呼吸急促、各种激素分泌增加、消化道蠕动和分泌减少、出汗等。这些生理反应，调动了机体的潜在能量，提高了机体对外界刺激的感受和适应能力，从而使机体能更有效地应付外界环境条件的变化。但过度的压力则会使士兵产生口干、腹泻、呕吐、头痛、口吃等不良生理反应。

行为反应方面，分为直接反应与间接反应。直接的行为反应是指直接面临紧张刺激时，为了消除或远离压力源而做出的反应，或者奋斗，或者逃避。间接的行为反应是指为了减少或消除压力引发的不良情绪体验所采取的消极行为。总体来说，其症状因人而异，典型的症状包括焦虑、好斗、冷漠、抑郁、饮食失调、腹泻、疲劳、记忆丧失、情绪波动大、恶心、自我贬低、语言障碍、发抖、逃避现实等。

美国陆军第 101 空降师士兵在阿富汗作战

第3章 身心素质训练

在战斗中负伤的美国陆军第 10 山地师士兵

法国海军陆战队士兵在进行山地作战

☛ 战争压力的释放

在现代军队中,特种部队面临的作战压力无疑是最大的。特种部队的活动几乎都是在最易诱发战争压力的条件下进行的，而且特种部队通常以小队的形式投入战斗，有时甚至需要单人作战，应对战争压力时没有任何人可以倾诉，相反还要面对长时间警戒的孤独乏味。此外，身体负重较大，经常睡眠不足，会严重消耗特种兵的体能和积极性。然而，特种部队出现精神疾病患者的概率远比普通部队低，战争压力反应现象也远少于普通部队。

特种兵成功克服战争压力的秘诀就在于他们平时严格的训练和战争考验。特种部队会在训练方案中尽量保证真实性，从而使士兵感受到真实战争的惊恐。例如，英国特别空勤团建造了一种被称作"杀人屋"的训练场地，后来被世界各国的反恐特种部队采用。这是一种室内的实弹射击场，它所使用的墙壁与楼板材料可以安全地吸收近距离的实弹射击。在援救人质的演习中，特别空勤团会安排一些士兵扮演被关在"杀人屋"中的人质，而恐怖分子则由与真人一般大小的人形牌充当，遍布"杀人屋"的各个房间。演习过程中，特别空勤团士兵会使用实弹射击，也会使用眩晕手榴弹这样的非致命武器。由于光线昏暗、场面混乱，难保不会出现意外伤亡事故，但只有这种残酷的训练才会让士兵从容面对战争压力，在实战中成功生存下来。

此类训练的好处非常明显。首先，使用实弹有助于士兵习惯自己的武器在特定物理空间中打响时的声音和感觉。其次，在射击距离之内有一个活生生的人体目标。这一事实有助于士兵接受自己行为的后果。最后，扮作人质的人员本身也可受到锻炼。在保持镇静和警惕的同时，他也能适应擦肩而过的子弹的嗖嗖声。所以，此类训练必须多次重复进行，直至最后对战斗的渴求成为士兵的第二天性。以后一旦士兵真实地投入战斗，他的大脑就绝不会像从未受过此类训练的人那样受到伤害。

美国陆军士兵在"杀人屋"中进行实弹训练

战术技术训练

一名出色的士兵,不仅要有强健的体魄和无畏的精神,还要熟练掌握多种作战技能,包括轻武器操作能力、格斗能力、伪装能力、团队协作能力等。只有这样,士兵才能在各种情况下都顺利地完成战斗任务。

单兵作战指南

4.1 轻武器训练

4.1.1 枪械射击训练

轻武器是指可以由单兵携带的武器，如步枪、手枪、冲锋枪、轻机枪、手榴弹、火箭筒、轻型火炮、反坦克导弹和肩射防空导弹等。掌握轻武器的操作方法和要领，是利用轻武器消灭敌人的基本要求。枪械是步兵的主要武器，也是其他兵种的辅助武器。枪械射击训练是轻武器训练的主要内容，尤其是单兵作战时最常用的突击步枪和冲锋枪。

☞ 枪械原理

突击步枪能实现自动发射，是基于以下原理：扣动扳机后，击锤打击击针，击针撞击子弹底火，点燃发射药，产生火药气体，推动弹头沿膛线向前运动，弹头经过导气孔时，部分火药气体通过导气孔涌入导气箍，冲击活塞，推动推杆，使枪机向后，压缩复进簧，完成开锁、抛壳，并使击锤成待发状态；枪机退到后方时，由于复进簧的伸张，使枪机向前运动，推动下一发子弹入膛，闭锁。此时，由于击锤已被击发阻铁卡住，不能向前打击击针。若再次发射，必须先松动扳机，然后再扣动扳机。

如果冲锋枪进行单发射击，其自动原理与突击步枪基本相同。如果进行连发射击，先将保险机定在连发位置。射击时，只要不松开扳机，击发阻铁就无法卡住击锤，击锤可反复打击击针，实现连发。

美国海军陆战队士兵正在进行步枪射击训练

第4章 战术技术训练

使用 M16 突击步枪进行射击训练的美国陆军士兵

美国陆军士兵采用卧姿射击

士兵想要熟练掌握枪械射击技能，就必须对枪械的自动原理和相关概念有所了解。其中，最重要的概念就是后坐、直射和弹道。后坐是指发射时枪械向后运动的现象。发射药燃烧时，产生的气体同时向各个方向挤压。挤压膛壁的压力被膛壁所阻，向前的压力推动子弹前进，向后的压力抵压弹壳底部枪机，使枪向后运动，从而形成后坐。后坐对于单发射击影响较小，但对于连发，因第一发子弹射击后产生的后坐力，使枪发生移动，改变了瞄准线，所以影响较大。因此，在连发射击时，士兵必须掌握一定的连发射击规律和据枪要领，只有这样才能提高命中精度。

直射是指瞄准线上的弹道高在整个表尺距离内不超过目标高的发射。这段射击距离叫直射距离。直射距离的大小是根据目标的高低与弹道的低伸程度决定的。目标越高，弹道越低伸，直射距离就越远；目标越低，弹道越弯曲，直射距离就越短。通常情况下，突击步枪和冲锋枪对人头目标的直射距离为 200 米，对人胸目标为 300 米，对半身目标为 400 米。在射击过程中，对在直射距离内的目标可以不变更表尺分划，瞄准目标下沿射击，以增大射速，提高射击效果。

弹道是指弹头脱离枪口在空气中飞行的路线。弹头在飞行中，一面受地心引力的作用,高度逐渐下降;一面受空气阻力的作用,越飞越慢。这两种力的作用,使弹头的飞行路线形成一条不均等的弧线,升弧较长、较直,降弧较短、较弯。

与弹道相关的概念还有危险界、遮蔽界和死角。危险界是指弹道高没有超过目标高的一段距离。目标暴露得越高,地形越平坦,弹道越低伸,危险界就越大,目标就越容易被杀伤。目标暴露得越低,地形越复杂,弹道越弯曲,危险界就越小,目标就不易被杀伤。遮蔽界是指从弹头不能射穿的遮蔽物顶端到弹着点的一段距离。死角是指目标在遮蔽界内不会被杀伤的一段距离。遮蔽物越高,目标越低,射击死角就越大。反之,死角越小。危险界、遮蔽界和死角有很大实用意义,是士兵在作战时隐蔽自己和选择有利射击位置必须考虑的因素。

美国陆军士兵进行寒带射击训练

美国海军陆战队士兵在舰上进行射击训练

加拿大狙击手正在进行狙击步枪射击训练

第4章 战术技术训练

🔫 射击姿势

正确的射击姿势是准确击杀敌人的先决条件。士兵熟悉多种射击姿势，必要情况下进行调整，更有利于确保射击的稳定性。基本射击姿势有以下四种。

站姿射击

站姿射击也被称为无依托站姿射击，其稳定性最差，但恢复速度最快。如果采取站姿射击，应当尽量估计并缩小身体晃动对射击的影响。大多数情况下，运动期间遭遇敌人之时，宜采取站姿射击。站姿射击通常用于自卫，其间注意呼吸和射击的适应很重要。另外，站姿射击受风的影响也比其他姿势大。

采用站姿射击的美国海军陆战队士兵

采用站姿射击的美国陆军士兵

卧姿射击

卧姿射击可以分为两种形式，一种是双腿直伸式，另一种为左腿直伸右腿屈曲式。双腿直伸式的身体与射面的夹角比较大，两脚外旋、脚尖向下，总重心位置在支撑面内稍左。这种姿势的优点是身体俯卧的面积大，头部贴腮自然，左臂负担量相对较小，适于使用标准步枪而身材又比较匀称的士兵。但这种姿势也存在着缺点，因为躯干以下全部俯卧，增大了腹部受压力量，对腹式呼吸的士兵，呼吸有所不便，持久性和一致性较差。

用左腿直伸右腿屈曲式时，躯干与射向投影夹角小，左腿随躯干自然伸展，脚直立或自由倾斜，右腿随膝关节自然屈曲，身体重量偏左，总重心位置在支撑面左侧。这种姿势的主要优点是右腿自然屈曲后身体重心左移，右侧腹部着地面积减小，整个姿势的力量易于集中，姿势的紧张度减小，动作自然，利于维持姿势的稳定和持久。对于身体比较高大壮实的士兵，采取这种姿势更为适宜。

左腿直伸右腿屈曲式的缺点在于：枪与身体大部分重量偏左，增大了左臂负担量，对于身体矮小、臂力不强的士兵，有负重较大之感。实践证明，左腿直伸右腿屈曲式卧姿，已被世界各国士兵普遍采用。在所有射击方式中，卧姿射击最容易学会和掌握，且重心的位置低，稳定性非常好。同其他姿势相比，卧姿射击还更不容易被敌人发现。

美国海军陆战队士兵练习卧姿射击

采用卧姿射击的美国海军陆战队士兵

第4章 战术技术训练

跪姿射击

跪姿射击时,士兵的右腿跪在地面或沙袋上,脊柱成前弓形状,身体重心落在地面或沙袋附近。在采用这种姿势的时候,要靠左小腿承担部分狙击步枪的重量,左肘无法紧靠身躯,且没有固定的支撑,因此应当确保人和枪的密切配合。跪姿射击的要求包括:跪得稳、人与枪结合的力量集中、上身下塌、腰部放松。

采用跪姿射击的美国陆军第82空降师士兵

美国陆军士兵练习跪姿射击

单兵作战指南

坐姿射击

坐姿射击的方式可以分为好几种，但主要的两种方式是双腿叉开和双腿交叉的射击姿势。在这两种射击姿势中，士兵都需要将两肘支撑在双膝上，从而确保射击时的稳定性。坐姿射击在稳定性方面仅次于卧姿射击，可以使士兵获得更良好的视野，当然也给敌人提供了更大的靶子。

采用坐姿射击的美国陆军士兵

总体来说，在各种射击姿势中，卧姿射击可以获得几乎完美的稳定性，但由于地形的影响，稳定性往往会受到干扰。同样，跪姿和坐姿射击受地形的影响稍小，却更容易被敌人发现，遭受报复性火力的攻击。为了提高射击准确度，士兵需要对各种射击姿势时常加以练习。

美国海军陆战队士兵练习坐姿射击

瞄准和击发

瞄准

瞄准就是右眼通视缺口和准星，使准星尖位于缺口中央并与上沿平齐，指向瞄准点。瞄准动作正确与否，对射击的准确性影响极大。例如，突击步

第 4 章 战术技术训练

枪的准星尖偏差 1 毫米，在 100 米距离上弹着点的偏差量可达 21 厘米。因此，瞄准时，应集中主要精力于准星与缺口的平正关系上。正确的瞄准应是准星与缺口的平正关系看得清楚，而目标看得较模糊。如果集中主要精力于准星与目标上，往往会忽略准星与缺口的平正关系，从而产生较大的偏差。

瞄准时，首先使瞄准线自然指向目标。若未指向目标，不可迁就而强扭枪身，必须调整姿势。需要修正方向时，卧姿可左右移动身体或两肘，跪姿、站姿可左右移动膝部或腿部。需要修正高低时，可前后移动整个身体或两肘里合、外张，也可适当移动左手的托枪位置。

检查瞄准的方法主要包括：①个人检查。瞄准时，头稍上下移动，检查准星是否位于缺口中央；头稍左右移动，检查准星是否与缺口上沿平齐。②固定枪检查。将枪放在依托物上，瞄准后不动枪，互相检查瞄准的正确程度。③四点瞄准检查。将枪放在依托物上，在枪前 15 米处设固定白纸靶。示靶手将检查靶固定在白纸上，由较好的士兵瞄准后不动枪，示靶手通过检查靶中央的圆孔，点上标记作为基准点。然后，移开检查靶，由士兵不动枪瞄准，指挥示靶手移动检查靶。连续瞄准 3 次，每次点上标记。3 次的瞄准点与基准点能套在 10 毫米的圆孔内为合格。此外，还包括用检查镜检查。

美国陆军士兵使用步枪瞄准标靶

美国陆军士兵使用光学瞄准镜瞄准目标

单兵作战指南

击发

右手食指第一关节均匀地向后扣压扳机（食指内侧和枪应有不大的空隙），其他手指力量不变。当瞄准线接近瞄准点时，开始预压扳机，并减缓呼吸。当瞄准线指向瞄准点时，应停止呼吸，继续增加扳机的压力，直至击发。击发瞬间应保持正确一致的瞄准。若瞄准线偏离瞄准点或不能继续停止呼吸时，应既不增加也不放松对扳机的压力，待修正或换气后，再继续扣压扳机。直至枪响，完成射击。

加拿大女兵使用突击步枪射击

美国陆军士兵在树林中采用卧姿射击

使用 M16A4 突击步枪射击的美国海军陆战队士兵

4.1.2 | 手榴弹投掷训练

手榴弹是一种能攻能防的小型手投弹药,也是使用较广、用量较大的弹药。手榴弹具有容易训练、携带方便、使用简单、威力较大的特点。由于各国军队使用的手榴弹在外形、重量和爆炸威力等方面都存在差异,加上战术技术方面的不同,所以手榴弹的投掷方法也各不相同。不过,各国军队的手榴弹投掷方法仍有一些共同点。

正确投掷手榴弹的前提是正确握持手榴弹,手榴弹握持不当将难以投远投准,甚至会脱手危及自身安全。一般来说,习惯右手握持的士兵应正握手榴弹,弹底朝下,掌心远离拉环,以便投弹前左手食指或中指能够方便地拉出拉环。而习惯左手握持的士兵握持方法恰好相反,握持时弹底朝上。

马尔代夫士兵练习投掷手榴弹

美军对于手榴弹的投掷方式要求较为宽松,基本要求是要保持身体正对或者侧对敌方,过肩将手榴弹掷出,核心要求是将手榴弹投得又远又准。同时,提出了标准的投掷程序:一是观察目标并估测距离,要求此过程要减少自身暴露的时间;二是去掉保险夹,将手榴弹握于投掷手中;三是用非投掷手的食指或中指拉住拉环,去除保险销;四是注视目标,过肩将手榴弹抛出,使手榴弹落于目标附近。手榴弹抛出后,保持手臂的自然前伸,可增加投掷距离和准确性,并减轻手臂的疼痛感。

手榴弹的投掷姿势分为站姿、跪姿和卧姿。美军认为站姿是最理想的自然投掷姿势,可将手榴弹投掷得更远。在城市作战中,通常采用这种姿势。站姿投掷时,采取自然姿态站立,保持身体重心。将手榴弹过肩举起,非投掷一侧手臂向斜上方45度伸出,手指张开,指向目标,手榴弹投出后,快速掩蔽以防破片和敌军火力杀伤。如果找不到掩体,迅速采取卧姿,使头盔朝着手榴弹爆炸的方向。

跪姿通常在矮墙、低坑道后作战时采用,投掷距离会缩短。投掷时将手榴弹过肩举起,投掷一侧腿伸直,并保持稳定,非投掷一侧膝盖以90度屈跪于地面。同时,非投掷一侧手臂向前屈伸45度,指向目标,采取自然动作投出手榴弹,投掷一侧脚离地,顺着投掷方向前移,以增大投掷力量。投掷后采取卧姿迅速掩蔽,减少暴露面积,避免破片和敌方火力杀伤。

卧姿会大大减小投掷距离和准确性,只有在受到敌方火力压制,不能抬高体位时使用。卧姿投掷时,首先仰卧,保持身体与手榴弹的飞行轨迹平行,将手榴弹置于胸口,去除保险销。将投掷一侧的腿竖起约45度,两膝夹紧,脚牢固支撑地面。将手榴弹置于耳后102～152毫米处,竖起手臂准备投掷。用另一只手抓住身边固定物体作为支撑,以增大投掷距离。在投掷过程中,后脚蹬地以增加投掷力量,投掷时切勿将头或身体露出,以免将身体暴露于敌人的火力之下,投掷后翻身俯卧地面。

美国陆军士兵练习站姿投掷手榴弹

第4章 战术技术训练

美国陆军士兵练习跪姿投掷手榴弹

美国陆军士兵练习卧姿投掷手榴弹

在训练中,因为手榴弹本身杀伤力大,而新训士兵会受到天气、环境、心理状态等因素的影响,可能在模拟弹投掷中表现良好,而在实弹投掷时手榴弹离手过早或过晚。无论哪国军队，此类情况如果应对不当，就会造成训练事故，导致严重伤亡。一些国家的军队会精心构筑优良的防暴工事——通常分为前、左后、右后三个掩体，无论失手落下的实弹掉在哪里，都能迅速疏散、隐蔽到位。与此同时，教官会时刻注意受训士兵的动作。在妥善准备工作、精心构筑防暴工事与科学的训练保护三重体制下，此类事故的发生概率会大大减小。

美国陆军士兵在防暴工事中练习投掷手榴弹

澳大利亚陆军士兵在防暴工事中练习投掷手榴弹

4.1.3 | 特种部队士兵的轻武器训练

对于特种部队的每位队员而言，射击是他们赖以存身的基本功和拿手戏，当然也是日常训练的重头项目。特种部队的射击训练要使每位队员都能做到弹无虚发，尤其是特种部队中的狙击手。特种部队狙击手在进行射击训练时，每人每天要消耗200~300发子弹，日积月累方才练就过人的射击技术。

然而，仅仅有百发百中的枪法是远远不够的，特种兵还要掌握各种爆破武器和冷兵器的使用方法。以俄罗斯"阿尔法"特种部队为例，其队员都配备有两件或三件武器，甚至更多，包括突击步枪、狙击步枪、手枪、微型冲

第4章 战术技术训练

锋枪、火箭筒、便携式导弹、匕首,还有各种令人惊奇的特种装备,这些都需要他们熟练掌握。

一般而言,特种兵常常要在远离军队支援的地方独立行动,在武器弹药方面,他们只能使用自己所能携带的数量。一旦弹药耗尽,特种兵必须能够使用手头上的任何武器,因此必须接受各种武器的训练。通过特种训练阶段的队员,常常需要掌握 30~50 种不同武器的使用技巧,包括一些自己并不常用的武器。例如,英军特种部队已经用 M203 榴弹发射器彻底取代了 M79 榴弹枪,后者的重量远远大于前者,方便性也不如前者,但英军特种兵仍旧需要接受 M79 榴弹枪的操作训练,原因是这种武器在全世界扩散很广,难保不会在战争中遇到需要使用它们的情况。

与 M79 榴弹枪的情况相似,苏联制造的 AK-47 突击步枪也是世界各国特种部队在特种训练阶段所要掌握的武器。这种步枪是有史以来生产数量最多的枪械,冷战的结束使其扩散到世界各地,其中很大一部分已不知去向,极有可能已经落入恐怖分子和平民手中。虽然 AK-47 突击步枪远不如 M16 突击步枪精准,但它更加耐用,操作更为简单。英军特种兵对这种步枪的熟练程度不亚于自己配发的标准装备。

鉴于特种兵参加特种训练的时间有限,其不可能成为所有武器的专家,而只需要掌握安装、使用和维护那些世界上最常见武器的技能。这类训练的最终目标是让新队员理解各种武器装备的基本原理,以便在战场条件下能够迅速学会使用原本不熟悉的武器。

在特种训练中,有三种基本的射击方式。第一种是快速反应射击,在遇到伏击时特别有用。它的基本动作要领是能在瞬间找到目标并迅速朝大致方向开始射击。这种方式适合于对付 15 米之内的目标。如果是在这个距离之外,就需要采用第二种射击方式——瞄准射击了。瞄准射击的要领是在射击间隙恢复头脑的清醒,特种兵应让枪支保持在待发状态,以便能够以最快的速度变换姿势。第三种射击方式是夜间射击,这种方式十分困难,因为人眼在黑暗中的功能与白天完全不同,尤其是在受到强光照射之后,需要一段时间来适应黑暗。大部分士兵常常会把子弹打高,因为目标形象在进入人眼时与水平视角间有一个差角。有经验的士兵在这样的训练中都知道应该打低一些。

手持狙击步枪的俄罗斯"信号旗"特种部队士兵

美国"海豹"突击队士兵正在进行
突击步枪射击训练

意大利政要保护小组士兵在夜间行动

训练中的法国宪兵特勤队士兵

奥地利"眼镜蛇"特种部队二人小组

4.1.4 爆破训练

爆破是利用炸药的爆炸能量对介质做功,完成预定军事目的的一门技术。在现代战争中,爆破以破坏威力大、反应迅速、效率高、机动性强的特点得到广泛应用。爆破可用于实施破坏作业,破坏具有军事意义的通信系统、后勤补给系统、交通运输系统及其相关设施;可用于构筑筑城障碍物和地雷场,阻碍、迟滞敌军机动;还可用于克服障碍物作业,在各类障碍物中快速开辟通路,保障己方机动。此外,还可用爆破法构筑各类工程、掩体,加速土石方作业进度。用军用制式爆破器材和炸药包打坦克、炸工事,又可直接杀伤敌方有生力量。

按爆破对象,分为土石爆破和结构物爆破。按装药与爆破目标的相对位置,分为内部爆破和外部爆破。外部爆破又分为接触爆破和非接触爆破。在土石方工程作业中,常用的爆破方法有抛掷爆破(又称飞散爆破)、松动爆破、压缩爆破、定向爆破、光面爆破、预裂爆破等。爆破器材包括炸药、火具、制式药块、爆破器、起爆器、检测仪表、爆破工具以及核爆破装置等。爆破器主要有爆破筒、爆破穿孔器、炸坑器和火箭爆破器等，是根据特定用途专门设计制造的制式装备。

正在进行爆破训练的美国陆军士兵

军用爆破的主要发展趋势是研究时间紧迫情况下实施快速爆破的方法；建立各类爆破的理论模型、相关程序软件及数据库，做到输入现场地形、地质、材料性能、炸药性能、要求效果等原始数据，即可得出装药配置与装药量设计，并显示不同方案爆后效果模拟；研究供特种部队使用的携带方便、设置快速、一次性完成预期功效的爆破器材系列和多功能的起爆器材系列；研究扩大军用爆破在军事领域内的应用。

一般而言，爆破训练是各国陆军工程兵专业技术训练的组成部分。目的是提高工程兵运用爆破技术遂行工程保障任务的能力。主要内容包括：爆破基础训练、爆破应用训练和爆破行动训练。爆破基础训练主要有炸药及爆炸理论的学习，常用炸药和火具的使用，起爆和传爆方法的设计，爆破装药的设计，制式爆破器材的使用等训练；爆破应用训练主要有土壤与岩石爆破，构件爆破，桥梁爆破，道路、铁路、管线的爆破，码头、拦水坝、机场、房屋的爆破，筑城障碍物和工事爆破，大型武器装备及军用设施的爆破，水中爆破，拆除爆破等训练；爆破行动训练主要有爆破法快速开设防坦克壕，水际滩头障碍物的爆破，工程破袭行动等训练。爆破训练一般在专业训练场或野外实施。按先讲解示范、后分班分组练习，先练基础动作、后进行实爆作业的步骤进行。

美军士兵在阿富汗战场上遭到炸弹袭击

4.2 格斗训练

4.2.1 格斗训练的原则

由于战争形式的多样化，即使是军人也不可能随时随地携带武器，但是尽管赤手空拳，他们往往也可以击败甚至击杀敌人。这除了要依靠日常的体能训练之外，还在于他们掌握着一种千百年来由战争中演化得出的格斗技巧——军队格斗术。

在现代战争中，虽然各种先进武器数不胜数，但古老的格斗术仍有用武之地。对于常常需要秘密行动的特种部队来说，格斗术更是不可不学的实战技能。许多国家的军队都建立了完善的格斗术训练制度。美国、韩国、日本等国家的格斗术，均采用了升段考核方法，而且对每一段均有拳打、脚踢的速度、力度的具体要求，以及擒拿格斗的动作要求。这使每个特种兵对自己的格斗水平心中有数，奠定了格斗的基本功。这种类似文凭的段位考核，对格斗训练走上正规化、科学化道路，无疑起着重要的作用。

由于训练体系不同，每个国家的军队格斗术内容也不相同。不过，一些基本原则却是相同的。这些原则可能会让人觉得有些古板，但它们都是军人们在百战过后用生命与鲜血换来的经验之谈。可以说，所有的军队格斗术都是在贯彻这些原则的基础之上展开的。具体来说，格斗术的基本原则有以下几点。

充分利用一切可以利用的手段

在现代战争中，往往是在山穷水尽之时才会使用格斗术。因此，如何使用身边一切可以利用的物品作为有效武器也是军队格斗术中的一门技巧。战场之上不是你死就是我亡，根本无暇顾及尊严与身份。在军队格斗术中，经常会看到士兵们将铁锹、绳子、钢盔甚至是牙齿作为搏斗的武器。

用最大的力量打击敌人最脆弱之处

毫无疑问，这是军队格斗术中最重要的原则，而在任何格斗术中都是如此。如何做到以最大的力量去攻击敌人最脆弱的部位呢？除了日常的刻苦训练之外，还要对人体构造了如指掌。在普通的格斗比赛中，由于规则的限制，一些要害部位是不允许击打的。但是军队格斗术中则没有这一禁忌，眼部、后脑、太阳穴甚至是裆部都被列为攻击重点，以便做到真正的一招制敌。

根据攻击方法不同，军队格斗术可以通过对人体十几处要害部位的打击而使对手遭到致命伤害。打击技主要攻击的人体要害包括：正面——眼睛、鼻梁、太阳穴、下巴、咽喉、肋部、胃、裆部、胫骨；背面——颈椎、脊椎、肾脏、尾椎。关节技主要攻击的人体要害包括：肩关节、肘关节、手腕关节、膝关节、踝关节。

注重格斗时身体的平衡

在学习格斗术时，有的士兵更重视进攻的力量，往往忽视了平衡性，这其实是非常危险的。一旦被敌人破坏了重心与稳定，那么无论是进攻还是防

第4章 战术技术训练

守都将是空谈。因此,如何使自己在搏斗中保持平衡绝对是一名优秀士兵所必需的素质。

以彼之道还施彼身

格斗并不只是单纯比拼力量与耐力,更多的是技术性的对抗,力求能够在进攻中做到瞬间制敌,在防守中一发逆转。例如,"海豹"突击队的格斗教官保罗·凡奈克师从李小龙的亲传弟子——菲律宾棍王丹尼·伊诺山度,这使得他在学习许多西式格斗技术的同时也汲取了不少东方搏技术的精髓。

提高动作的速度与准确性

有了标准的动作之后,便要提高这一动作的速度与准确性。因为在真正的生死较量中,敌人不会给你任何挽回错误的机会,决定生死的机会往往只有一次,而如何准确地把握这一次机会,就是日常训练中所追求的最终目的。只有在平时训练中精益求精,才可以在实战中做到万无一失。

美国海军陆战队士兵进行格斗训练

美国陆军女兵进行格斗训练

单兵作战指南

俄罗斯海军步兵进行格斗训练

进行格斗训练的韩国海军陆战队士兵

第 4 章　战术技术训练

韩国陆军特种兵在雪地中进行格斗训练

摩洛哥士兵进行格斗训练

4.2.2 徒手格斗

作为战场中的搏斗技巧，军队格斗术并没有固定的格斗姿势。格斗过程中，要将双拳提起，略微放松，注意保护好头部。膝盖略弯，重心放在脚尖，随时留意对方的一举一动。

拳法

作为各种打击技巧的基础，军队格斗术中对拳的使用非常重视。许多部队会将拳击中的拳法加入格斗训练，因为拳击拥有着目前为止世界上最为系统、最为全面的拳法技术。军队格斗术的拳法一般包括刺拳、直拳、勾拳与摆拳等。不过由于使用环境不同，军队格斗术中的拳法中还有许多奥妙。例如，在击中敌人的一刹那才握紧拳头，可以加强对敌人的杀伤力；在手中握一块手帕，也可以增加拳头的力量。

拳头的击打部位多种多样，如突起中指关节，或是用手指的第二关节，甚至是握拳后蜷起的小指关节处都可以作为击打的部位。此外，掌根、手指以及手刀也是非常有效的打击方法。如果可以有效地对敌人的下巴或者身后的肾脏部位用掌根猛击，再强壮的敌人也会应声倒地；而手指可以用在与敌人缠斗中插击对方的眼睛；至于手刀，大多都被用于攻击敌人的侧颈部或后颈部，迅速让敌人失去知觉。

美国陆军士兵练习格斗拳法

腿法

腿法作为格斗术中杀伤力最大的打击技，历来都被各流派所推崇，但是军队格斗术中的花样腿法并不多。因为战场不同于格斗赛场，任何疏忽与大意都可能使你丧命。在军队格斗术中，基本没有华丽的高位腿法，因为一旦你的腿被敌人接住，就会立刻失去重心而倒地，这在战斗中是非常危险的。军队格斗术中的腿法大多不会高于肘部，而打击位置通常集中在敌人膝关节、胫骨甚至是裆部。虽然踢裆在现代格斗比赛中是非常可耻的技术，不过在战场上，能够活着就是最大的胜利，因此攻击裆部就成为常用的手段。穿着军靴的脚尖与脚跟都是非常有利的武器。

美国陆军士兵练习格斗腿法

膝肘技

在实战中，除了快如闪电的拳头与威猛无比的腿法之外，还有两件最值得依靠的武器——膝部与肘部。在各种格斗术中，膝部与肘部都是作为近战利器而存在的，尤其是泰拳。作为上肢与下肢的关节连接处，看似平常的膝、肘部在实战中有着强大的威力。无论是单独攻击还是作为组合技，膝、肘部都是近战时一招制敌的可靠手段。在军队格斗术中，肘部可以分为平肘击、上肘击与下压肘击，攻击部位主要集中在敌人的眼睛、下巴、太阳穴或者锁骨等重要位置。而膝击则可以对敌人的头部、腹部、裆部进行攻击。

美国陆军第 82 空降师士兵正在学习膝肘技

关节技

军队格斗术中的关节技有许多都是源自合气道与柔术，而与两者不同的是，军队格斗术中的关节技更为凶悍。合气道中的关节技虽然犀利，但是强调尽量做到"只制不伤"。相比之下，军队格斗术并没有这一限制，反而讲究彻底摧毁敌人进攻的根源，使其丧失战斗能力。根据敌人进攻手段的不同，关节技一般会使用于敌人的肩、肘、手腕、膝、踝等部位，以强大的力量使敌人的关节向反方向运动，从而摧毁敌人的肢体。

洪都拉斯士兵练习关节技

第4章 战术技术训练

反击技

战场瞬息万变,没有人知道下一秒钟会遇到什么事情。因此,如何应付突如其来的危险也是一名优秀军人所要掌握的。在战斗中,敌人极有可能实施偷袭,要么是重拳快腿,要么是摔投绞杀,甚至是手持利器猛烈袭击。为此,军队格斗术中有许多用来反击的技巧,而在这些技巧中,头撞、肘击、膝顶与关节技往往会成为其中的关键。

韩国陆军特种兵练习反击技

组合技

很难将组合技归类为哪种技术,因为这其中包括了太多的技巧,打击、摔投、寝技(来源于日语中的柔道用语,泛指一切在地面使用的柔道、柔术技术)与反关节等,大名鼎鼎的"近身格斗术"(CQC)就是组合技的典型代表。根据使用环境不同,组合技也是千变万化。例如,直拳加上柔道中的腰技,最后使用脚跟对敌人实施致命一击。如果在组合技中加入匕首,则会使潜入作战更加得心应手。

美国陆军士兵练习格斗组合技

4.2.3 | 匕首格斗

匕首没有剑的长度,也没有刀的力量,因此不适合长距离作战。匕首是一种近战利器,与格斗技巧相结合往往可以使其发挥最大的威力。

匕首的握持姿势分为以下四种:刀刃向下,反握刀把的"冰锥式";刀刃向上,正握刀把的"铁锤式";与铁锤式相似,但是用拇指和食指轻轻抵住护手的"军刀式";还有掌心向后,将刀刃藏在手腕后面的"隐藏式"。

影视剧中常见的主动伸长胳膊用匕首去划击的姿势其实是非常危险的,因为这样很容易被敌人夺走匕首。正确的姿势应该是右臂下垂,置于右腿外侧,左手用于防守或挡击。这样可以为右手制造刺杀与砍杀的机会。双膝自然弯曲,以便保持身体平衡。

匕首的主要攻击部位一般集中于:咽喉、腹部、心脏、手腕、小臂与大腿。而在潜入作战时,士兵大多会选择使用匕首攻击敌人的咽喉,通常先用手捂住敌人口鼻,防止其发出声音,然后用匕首割向敌人的颈部动脉。

匕首的刺击也是有技术讲究的,只有将匕首的刀身水平横向刺击才能够有效地刺穿敌人的身体,真正伤害到敌人的内脏,否则刀身往往会被敌人的身体骨骼所阻挡,而无法达到一击毙命的效果。当然,正面与持有武器的敌人进行战斗时,匕首往往会处于劣势。在这种情况下应该随机应变,例如使用沙土扬向敌人等。总之,匕首是近战格斗中的利器,而如何灵活地利用四周环境,对匕首使用则更为重要。

俄罗斯特种兵练习匕首格斗

第 4 章　战术技术训练

韩国陆军特种兵练习匕首格斗

4.2.4 | 反擒拿训练

摆脱扼喉

喉咙是人体要害部位，如遭受打击或卡、扼，可使人猝死。所以摆脱扼喉是士兵防身的必修课之一。根据实际情形，摆脱扼喉可以分为站立摆脱（前两种）和倒地摆脱（后两种）。

抬臂下踏摆脱法

被敌人从背后锁住喉部时，可用左手或左肘猛击敌人裆部或心脏，并趁敌人护裆之际，用双手迅速抓住敌人右臂，并猛力拧转，将敌人制服。最后可再对其头部狠踩一脚，使其彻底丧失战斗力或将其击毙。

拳击膝顶摆脱法

从正面被敌人卡住喉咙并被推到墙边时，可侧身用右臂下砸敌人双臂，以减轻敌人卡喉的力量；然后在右手回收的同时猛击敌人太阳穴，将其打昏；接着可将敌人拖至墙边，并用左膝快速撞击其肋骨，将其肋骨撞断；最后用双臂抱住敌人两腿，将敌人重重地摔在地上，随后补上足以致命的一脚，将其击毙。

指戳接拳击摆脱法

当被敌人骑在身上,并被双手卡住喉部时,可把自己的双手插到敌人的肘关节中间,然后用力外撑。此时,敌人必然集中全力于双手,并使身体前倾,此时可用右手攻击敌人眼睛,并乘敌人受到攻击而一松劲时,再用右手一记重拳将其打翻在地。

别头击裆摆脱法

当被敌人骑在身上,并被双手卡住喉部时,可用双手迅速拧住敌人双腕,用以减轻敌人卡喉的力量,同时速抬右脚从前侧猛踹(或蹬)敌人的下巴,将其向后蹬倒。然后再翻身坐起,并用右肘狠砸其裆部,将其击毙。

被扼喉的美国陆军士兵

美国陆军士兵练习摆脱扼喉

第 4 章 战术技术训练

摆脱扭臂

在格斗中,要害部位或关节被敌人控制后,特别是手臂被控制后,必须迅速解脱,如此才能变被动为主动。士兵在格斗中经常用到的摆脱扭臂方法如下。

侧滚接肘击摆脱法

被敌人从背后突然制住右臂时,可借助敌人的劲力,使身体向右侧滚动,以迫使敌人失去身体平衡。最后,可再将左肘狠狠砸向敌人头部或面部,将其砸伤或击毙。

侧踹接旋踢腿摆脱法

被敌人反锁住右臂时,可用侧踹腿迅速攻击敌人身体中盘要害,然后不待对手闪避或反击,再在落下右脚的同时,用一记强劲有力的左旋踢腿重创对手,将其击昏或击倒在地。需要注意的是,侧踹腿反击要快而有力,旋踢腿要连贯、凶猛,才能制敌于瞬间。这种方法在刚开始练习时可能因力量不够而缺乏威力,但经常进行练习,这种有效的反击性腿法可具有很强的力量和很高的实用价值。

美国陆军士兵练习摆脱扭臂

摆脱抱腰

抱腰可分为前抱腰、后抱腰及侧抱腰,其中以后抱腰最为常见。破解的方法有不少,大体可分为击肋、踩脚面、顶头、肘击等几种。士兵要在实战中准确、及时地做出判断,并以最快的速度击溃对方。

连续肘击摆脱法

当被敌人由后抱住腰部时,应迅速向左转体,并用左肘猛击敌人头部,以迫使其松手，但为了最终击败对手，可在用左手控制其臂的同时，将右肘砸向敌面部，将其击昏或击倒在地。需要注意的是，向后肘击要狠，而且为了能够重创敌人，可用左肘连续打击敌人头部。转身控制其臂要快、要有力，以防敌人挣脱。砸敌人面部要连贯、凶狠，必要时可跃起向下肘击，以强化攻击力，增强打击效果。

肘击接背摔摆脱法

当被敌人由后连臂抱住时，可在起脚猛踩敌人脚背的同时，迅速抬高双肘并前伸与肩平。接着身体略向右转，并以右肘猛击敌人肋部，以迫使敌人松抱。然后，再用右手抓住敌人右肘上方部位，左手则抓住敌人右手腕将其从头背后摔下，随后可再予以擒拿或重击，将其制服或击毙。需要注意的是，踩敌人脚面要狠，以便能充分分散对手的注意力。肘击要有力，从而为背摔创造有利条件。背摔要连贯、迅速，不给对手以反应之机。

美国陆军士兵练习摆脱抱腰

摆脱抓发

被敌人由前方用右手抓拉头发时，应迅速用左手按压其手背，将其手固定于头上，随即用右手迅速按制其手腕，紧接着用左手掌猛力顶压其右手腕

第4章 战术技术训练

外侧,同时后撤右腿向右后转体以助两手之力,使对手手腕受制或损伤。

被敌人由后方用右手抓自己头发时,应迅速边向右后转身边用两手将其右手抓握并固定在头上。随即将头稍下沉,同时两手将对手的手腕外翻至手心朝上,随之迅猛抬头,两手猛力向上折其腕,迫使对手因腕部被制而就擒。需要注意的是,转身要敏捷,翻腕时两手和头部动作要协调,折腕要狠。

☞ 摆脱揪衣

当敌人一手揪住衣服,一手挥拳攻击时,可迅速用右手格挡敌人左手,同时用左手插向敌人眼睛,以化解敌人的攻击,然后再顺势以右手重拳猛击其面部,最后可用一记侧踹腿将敌人的肋骨踢断。如果仍不能将对手击毙,可再抬起右脚并用脚跟狠踩敌人面部,给敌人以致命打击。

美国陆军士兵练习摆脱揪衣

4.2.5 | 徒手缴械训练

枪械是现代战争中主要的单兵武器,每名士兵都必须学会徒手缴械,这是危急情况下的重要制敌手段。尤其是执行反恐任务的特种兵,他们经常会与持枪歹徒对峙。世界各国的反恐精英都要专门学习徒手缴械技能,并进行有针对性的训练。以俄罗斯为例,该国特种部队的徒手缴械技术是一套系统的、稳定的防卫术,特点鲜明,基本上脱胎于俄罗斯的实战桑搏(来自俄罗斯语,意思就是"不带武器的防身术"),被世界格斗界公认为优秀的徒手缴械实战自卫术,极具权威性。

正面持枪威胁

示例一

恐怖分子右手持枪由正面挟持特种兵,其枪口指向特种兵躯干胸口部位,命令特种兵举起双手,并伸出左手欲解除特种兵的武器。此时特种兵假意顺从,缓慢举起双手,但要刻意将肘尖放低。趁其不备,特种兵身体猛然向右拧转,左臂屈肘,随转体自左向右快速摆动,以手肘磕打敌人持枪右手的手背和腕部,令其右手臂水平位移,以改变其手枪射击线指向。紧接着,特种兵迅速伸出右手,自下而上抓握住敌人手枪枪管,用力向上掰拧,同时左手握拳,自上而下猛然砸击敌人右手手腕上方。双手一并交错用力,左拳下砸敌人手腕的同时,右手瞬间发力夺下其武器。将敌人手枪缴获之后,右手握紧枪管,顺势挥舞手臂以拳背为力点狠狠击打对方右侧面颊或者太阳穴,或者用手枪枪柄部位击打,令其遭受重创。最后,快速移动脚步,与其拉开一定距离,双手持枪指向敌人,令其就范。

示例二

特种兵与恐怖分子狭路相逢,对手突然拔枪,右手持枪由正面挟持特种兵,其枪口指向特种兵头部,命令特种兵举起双手,并示意特种兵跟随其离开。此时特种兵假意顺从,缓慢举起双手。趁对手不备,特种兵身体猛然向右拧转,身体重心左移,歪头及时闪开其手枪口射击线,同时右手向下快速抓握住敌人右手腕根部位,并用力向右方拉直其手臂,左肩随转体顺势顶磕其右臂肘关节外侧。紧接着,左臂屈肘外旋,由敌人右腋下穿过,以左手手掌用力向左上方抽击敌人面门,可致其鼻口出血。继而,特种兵左脚向敌人右脚前上步,用力踩踏其脚面,右手使劲翻拧敌人右手手腕,同时左臂由敌人腋下抬起,配合右手的翻拧动作,屈肘向下猛砸敌人右肩关节,瞬间将敌人制服在地。

美国海军陆战队士兵练习徒手缴械

第4章 战术技术训练

徒手缴械手法示意图

背后持枪威胁

示例一

恐怖分子右手持枪由身后挟持特种兵，命令特种兵举起双手，并跟随其离开。此时特种兵假意顺从，缓慢举起双手，但要刻意将肘尖放低，两肘尽量紧贴腰部。趁敌人不备，特种兵身体猛然向右拧转，同时右臂屈肘，随转体向右后方快速摆动，以小臂和肘尖外侧为用力点磕击敌人持枪右手手背，令其右手臂向左侧水平位移，及时闪开其手枪火力射击线。紧接着右手向下、向右移动，自敌人右臂下方绕过，再向上、向左绕至对方右肘肘窝上方，右臂屈肘，右手用力向下按压其肘窝部位，以右手臂缠住其持枪手臂，用肘窝夹别住敌人右手腕部，令敌人右手挫伤，手枪松脱。继而，左手伸出迅速抓住自己右手，突然俯身弯腰，瞬间别控敌人右手臂肘，导致对方身体重心失衡，仰面摔倒，束手就擒。

示例二

恐怖分子右手持枪由身后挟持特种兵，命令特种兵举起双手，并跟随其离开。此时特种兵假意顺从，缓慢举起双手，但要刻意将肘尖放低。趁敌人不备，特种兵身体猛然向右拧转，躲闪开射击线，同时右手随势向下、向右、向上摆动至敌人持枪手臂上方，以肩部担住其右手。与此同时，左手向右、向外推挡敌人右手手背，双手协同动作，形成对敌人持枪手臂的控制。紧接着，右手臂用力向下砸压敌人持枪手臂之肘窝处，屈肘、回拉，右肩头用力向前顶其手腕,左手顺势抓握住敌人手枪枪管部位,猛然下拉,瞬间缴械。

正在练习徒手缴械的美军士兵

美国陆军士兵练习徒手缴械

4.2.6 摸哨训练

如果士兵掌握了摸哨(以隐蔽方式消灭敌方哨兵)的实战技巧,便可不声不响地从背后向敌人发起突然袭击,并将其悄悄制服或杀死,以保证任务的顺利完成。在实战中,摸哨技巧根据实战情形可分为两类练习,即徒手技法与持械技法。其中,持械技法就是借助武器进行有效攻击的方法,主要有如下六种。

掀盔制敌法

当从背后接近敌人时,突然用右手抓住敌钢盔的前帽檐,同时用左手抵住敌后颈。然后右手用力向上、向后拽,左手臂则猛向前推,利用其钢盔风带将其绞杀。如果敌钢盔没有风带,可迅速夺过钢盔并重击其头顶,将其击昏或击毙。

勒脖制敌法

当从背后悄悄接近敌人时,可将手中的铁丝(电线、绳索)拉开,然后将左小臂置于敌颈后部,而右手则在敌头上方转动,把绳子从右向左将敌咽喉部位勒住。将敌脖颈套住后,两手可猛力向相反的方向用力拉动,使敌在几秒钟内昏迷或死亡。

第4章 战术技术训练

刺刀柄制敌法

当从背后接近敌人时，可用刺刀柄作为钝器去敲砸敌脑勺部位，将其击昏或击倒在地。接近敌人时要突然、隐蔽，攻击要快、要狠，令敌防不胜防。

石块制敌法

在无任何武器的条件下从背后接近敌人时，可用任意一种物件做武器，如挖战壕用的工具或石头、木棒等，并用这些东西去猛烈攻击敌头部要害处，使敌迅速毙命。

枪托制敌法

持枪从背后接近敌人时，先用枪托重击敌头部或敌两肩胛骨之间的脊柱，使敌在无声音的状态下迅速昏迷或死亡。接近敌人时要隐蔽、突然、迅速，攻击头部或者后心时连贯有力，从而制敌于瞬间。

刺刀制敌法

从前面接近敌人时，可用步枪上的枪刺猛刺敌心脏处或肾部，使敌来不及呼叫便迅速毙命。接近敌人时要突然，刺刀攻击要准确、迅速，务必做到一击必杀。

美国海军陆战队士兵练习刺刀制敌法

4.3 伪装与隐蔽训练

4.3.1 伪装隐蔽的原则

在现代战场上，士兵的活动不仅容易被光学侦察发现，而且极易被敌人的雷达侦察和红外侦察发现。例如，美军装备的 AN/TPS-33 地面活动目标侦察雷达，对卧姿的士兵在 3000 米内才能发现，而对行走的士兵可在 6500 米处发现，对跑步的步兵班远在 14 千米处就能发现。美军装备的 AN/TAS-6 微光夜视仪的侦察距离也可达到 3000 米。因此，单兵在战场上的行动都要做到隐蔽。

伪装既要有想象力，更要有科学理论的支撑。伪装，是一个与人的大脑与眼睛较量的过程。学习伪装，必须要先了解人的大脑和眼睛是如何协作的。人们总是忽略大脑在观察中所起的作用，事实上在观察和捕捉目标前，大脑会不自主地预期寻找一个轮廓明显的目标。目标与四周环境的反差越大，就越容易被发现。相反，假如目标与背景环境相似，那么人的眼睛就会在大脑的指挥下忽略该目标。

识别目标时，大脑主要通过目标的外形轮廓来辨别。在生活中，许多人都有这样的体验：白或黑的物体最容易被辨别，由于白和黑与纷繁复杂的背景反差明显，这两种颜色可以使物体的轮廓外沿显得更为明显。除了模糊目标的外沿，通过颜色的深浅对比，也可以改变大脑对物体轮廓的判定。迷彩服的伪装原理，就是利用深浅不一的色块干扰观察者，弱化人体的外部轮廓。要想取得理想的伪装效果，迷彩服的颜色、图案与曲线，都要接近所隐蔽的环境。根据作战环境的不同，有丛林、沙漠、沼泽、雪地等不同花色的迷彩服可供选择。

美国陆军空降部队士兵正在学习伪装技巧

第4章 战术技术训练

日本陆上自卫队士兵正在学习伪装技巧

对于在野外作战的士兵来说,单纯使用迷彩服的伪装效果并不好。除了穿戴迷彩服,士兵还要对面部及其他裸露的皮肤进行伪装。面部的伪装,同样是与敌方观察者的眼睛和大脑较量的过程。在野外潜伏的士兵,无一例外地要涂抹面部伪装油彩。也许有人认为,佩戴迷彩面罩更简单便捷,但根据美军的试验,没有一种迷彩面罩佩戴起来的效果能超过正确涂抹伪装油彩。

当人们看到黑色的物体时,就会产生一种该物体离自己较远的错觉;相反,白色物体会让人感到间隔自己较近。涂抹伪装油彩要做的,就是通过黑白的对比来颠倒人脸的高低位置,从而迷惑敌人。人的面部,眼睛、鼻子周边,下巴与嘴唇之间,耳孔等部位都是凹陷的,这些部位要涂抹白色伪装油彩。而在鼻子、额头、颧骨、下巴尖等突起部位,则要涂抹黑色伪装油彩。在涂抹的过程中,一定要遵循先上白色、后上黑色的顺序。此外,新手还容易犯一个错误,就是涂得过于对称。要知道,自然环境的景象是不对称、没有规律的,因此要留意用伪装油彩打破脸部的对称。

面部涂有伪装油彩的美国海军陆战队士兵

美国陆军士兵学习涂抹伪装油彩

除了正确穿戴迷彩服和涂抹伪装油彩，在自然环境中作战的士兵，还要特别注意以下因素，以处于严密的隐蔽状态。

外形

在自然界中，不存在完美的直线。因此，士兵应该注意随身武器装备的伪装，特别是突击步枪的枪管和无线电设备的天线。

剪影

士兵绝不能在背景的映衬下呈现出他的剪影，突出自己的影像。

光亮

士兵通常会携带许多可以反射阳光的金属物体，所以应该确保所有能反光的物体都涂上伪装色。

气味

气味是容易被忽略的一点。例如，吸烟的士兵或许不会在战场上吸烟，但是他们的衣物上仍会留有烟草的味道。当士兵出汗时，这种味道会变得更刺鼻，会在空气中留下烟草味，容易被敌方侦察兵发现。除了烟草味，还有沐浴后的香皂味和特定食物的残留味道等。

声音

在执行监视任务时，所有活动都应悄无声息地进行。士兵之间需要交流时，通常都会使用手势而不是语言。此外，有些设备的某些部件在与其他物体相撞时会发出声响，因此，需要将它们绑缚结实。

阴影

如果士兵的影子超出了遮蔽物的遮盖范围，暴露了士兵的存在，再好的遮蔽物也无用处。在光线特别充足的时候，最好等到太阳当空或太阳下山时再采取行动。

士兵的剪影在天空的映衬下非常显眼

4.3.2 伪装隐蔽的措施

利用地形伪装

利用地形伪装是单兵最简便易行的方法，也是一种十分有效的方法。善于伪装的士兵，能够与周围环境融为一体，让敌人难觅踪影。懂得如何利用自然环境，是成功伪装的重要因素。不破坏周遭环境、尽量与环境融为一体，是伪装的最高指导原则。

利用地形伪装有两个方面，一是利用地形的遮蔽能力。在战场上，高低起伏的地貌和凸出地面的地物，都能造成不同范围的观测盲区。在山岳丛林地，草深林密，山岭起伏，沟谷纵横，是单兵隐蔽及活动的天然遮障。如能充分加以利用，敌人很难发现目标。二是利用有利的自然背景降低目标的显著性，使自己处在与服装颜色相似的背景上，或者利用阴影和暗色的自然斑点，尽量避免使自己的身体形状投在明亮单调的背景上，都能降低暴露的可能性，使敌难以辨别发现。

士兵要融入自然环境，就要对当时当地的色彩、条纹、树枝形态、植被密度和景深有所了解。在转移阵地时要养成根据周边景物的变化，随时调整自己伪装的习惯。例如，在树林中隐蔽时，最好给作战服插上树枝树叶。而转移到草地时，要及时丢弃树枝，换成草堆伪装。当然，士兵毕竟不是变色龙，不可能在行进过程中随时随地根据环境变换伪装。但无论如何，都要牢记一条基本原则：在战场条件无法满足成功伪装的要求时，尽量使用深色进行伪装。因为人眼对深色物体的敏感度，要远低于浅色物体。

藏身在岩石凹陷处的士兵

在野外作战时，要牢记不要站在浅色的岩石上，它可以将人的轮廓清楚地映衬出来。同时，当敌人准备向你射击时，浅色的岩石又会使步枪的黑色缺口、准星看起来很清楚，便于瞄准。另外，在山地行进时，背景色的原理

藏身在草丛中的士兵

同样有效。一名训练有素的士兵，不得不沿山脊行进时，他一定会想办法让自己的身影低于山脊。对于隐藏在山下的敌人来说，天空是最佳的背景，他可以清清楚楚地发现和瞄准山脊上的人。

第4章 战术技术训练

人工伪装

当地形条件不足以达到伪装效果时,就必须采取人工措施来实施伪装。单兵的人工伪装主要是处理好服装、头部和武器。

各国军队在野外作战时都配备迷彩服等伪装性质的衣服,可对付敌人的可见光

利用干草伪装自己的士兵

侦察和近红外侦察。当没有制式的伪装服时,可用泥土、石灰、煤灰等材料加上胶合剂,涂抹军服、麻片、帆布等制成与环境相应的应用伪装衣,或者根据背景颜色把网状织物编扎上布条、杂草、树枝等制成伪装衣。此外,还可用小树枝、杂草、布条等糊成伪装带,使其缠绕上身和头部,以改变身体的外形,降低显著性。

对于头部的伪装,可给钢盔涂刷不规则的斑点图案,或者用暗色粗织物、小布袋、网套做的盔罩套在钢盔上,并在其上编插树枝等伪装材料。另外,也可在距钢盔边缘1～5厘米处套上橡皮带,并插上树枝等材料进行伪装。

被布条缠绕的狙击步枪

对于枪械,可用暗色宽布条缠绕,或缠绕上捆有草束等的伪装带。这种做法主要有以下几个好处:可以防止枪械的金属部件和木质部件涂漆产生的反光;可以避免枪械与周围硬物发生磕碰而产生声响;可以降低枪身的红外特征。

4.3.3 | 秘密行进的技巧

士兵在自然环境中行进时,应选择隐蔽的路线,而且最好是利用夜暗、浓雾行动。利用树林时,要距树林边缘 10 米以上,以免被敌人透过林木间隙发现。通过林间空地最好是绕行或匍匐通过。走出树林前应先仔细观察,确认不会暴露再行动。在通过光秃透空的岗顶时应沿斜坡绕行,如必须从岗顶通过,则应采用低姿匍匐前进的方式通过。

敌前变换位置时,要么以突然、短促而迅速的动作跃进,跃进后立即卧倒并向一旁移动数米,使敌难以确定自己的位置;要么选择隐蔽的地段匍匐前进,必要时还可以缓慢、不易被敌察觉的动作进行移动。

夜间行动时,要仔细地固定好装具;行走时脚要高抬轻放,并尽量沿松软的地面行动,必要时可在鞋上缠布条,以减小声响。夜间遇到敌照明时,应立即卧倒,面部朝下。此外,夜间行动还不能发出亮光。吸烟是绝对禁止的,特别在靠近敌人行动时。看地图必须照明时,应在手电筒上包暗色布,并尽量在遮蔽的位置上。

行动时要尽量注意消除痕迹,必要时可伪造痕迹来迷惑欺骗敌人。每名士兵在宿营或监视活动之后,要确保收集起所有包裹内的物品,甚至是人体的代谢物。任何可以表明有人类存在的遗留物,都有可能让敌人发现你的行踪。

单兵在行动时还要保持高度警惕,随时注意观察和倾听周围的情况,争取先敌发现,力避被动。一般要避开那些会有人经过的大路、桥梁和小径等通常路线,尽管沿路边低矮茂密的灌木丛而行,可以保持隐蔽,同时也会更为容易地找到行军方向。在士兵离开一个隐蔽之处时,他应该清楚地知道他将行至何处,到达目的地所需时间,一旦被发现将奔向何方。

美国陆军士兵在草坡上行进

第4章 战术技术训练

美国陆军士兵在丛林中行进

英国陆军士兵练习秘密行进技巧

单兵作战指南

在缓坡上快速奔跑的英军士兵

4.4 手语训练

4.4.1 军人手语类型

军人手语是指在作战行动中,军人之间利用手指、手掌和手臂等部位做出某些动作,并以身体姿势、装备器材为辅助,来传达特定内容的一种隐蔽而简易的通信方式。它是在汲取传统手语、商品交换手语、聋哑手语等内容基础上创建的一种专用型手语。

第4章　战术技术训练

传统手语虽然形象直观，但过于零散，例如，伸出大拇指表示"真棒"，伸出小手指表示"无能"，将两根手指伸成"V"形表示"胜利"。这些手语只能表示某几个内容。商品交换手语虽然隐蔽，但局限性较大。聋哑手语虽然表示范围广，但学习时间长，且难掌握。相比之下，军人手语要比其他类型手语的内涵更丰富、寓意更深刻、灵活性更强。

军人手语按照在遂行作战任务中所表达的具体含义，一般可分为数字手语、命令手语、专指手语和告知手语等。

数字手语

数字手语是指用手指的变换来表达不同数码的一种简易通信方法，分为直接表示法和代密表示法。直接表示法是以5个手指的变换来直接表示数字0～9，简便直接，在日常生活中几乎每个人都在使用。直接表示法的优点是容易记忆、便于识别。代密表示法主要通过不同的数字手语组合表示通信内容。它源自于早期的商品交易中，经纪人之间为达成商品交换的目的，将手指伸向对方的袖口里，进行讨价还价，以防价格外泄。代密表示法能够表达较多的通信内容，保密性强，但动作比较复杂，不易记忆和识别。

如果将数字手语和其他手语组合起来使用，就可以表示出更多内容。如要下达1组停止，2组前进的命令，可以用"数字手语1+停止手语、数字手语2+前进手语"来表示。

命令手语

命令手语是指将上级的命令，通过手形的变换和手臂屈伸、摆动等动作传达给下级的一种简易通信方法，要求受令者接到指令后必须接受，并马上执行。因而具有权威性和不可否决的特点。

专指手语

专指手语是指用手指的指向变换来指示不同的人或事物的一种简易通信方法。通常用来表达"你、我、他，你们、我们、他们，这里、那里，或某人某物"等。从表达方式上讲，专指手语的表达类似于数字手语，也是以象形的方式来表述的，因而具有表述内容直接和一目了然的特点。

告知手语

告知手语是指用手型的变换和手臂的屈伸、摆动等动作向对方或上级示意收到信号情况的一种简易通信方法，是同级之间或下级对上级传达的指令予以回应的通信方式，接收者仅做出回应，具有平等性的特点。

美国海军陆战队士兵在靶场上使用手语传达信息

美国陆军士兵使用手语与队友交流

美国陆军士兵使用手语向直升机传达信息

第 4 章　战术技术训练

英国陆军士兵使用手语与队友交流

4.4.2 | 常用手语动作

手语含义	动 作
成人	手臂向身旁伸出，手部抬起到胳膊高度，掌心向下。
小孩	手臂向身旁伸出，手肘弯曲，掌心向下固定放在腰间。
女性嫌疑犯	掌心向着自己的胸膛，手指分开呈碗状，寓意是女性的胸部。
人质	用手卡住自己的脖子，寓意是被劫持的人质。
指挥官	食指、中指、无名指并排伸直，横放在另一手臂上。
手枪	伸直大拇指及食指，互成90度，呈手枪姿势。
自动武器	手指弯曲成抓状，在胸膛前上下扫动，像弹奏吉他一样。
霰弹枪	发信号的是手持霰弹枪的队员，只需用食指指向自己的武器便可。
门口	用食指由下方向上，向左再向下，作出开口矩形的手势，代表门口的形状。
窗户	用食指由下向上，向右，向下再向左作出一个闭合矩形的手势。
听到	举起手臂，手指间紧闭，拇指和食指触及耳朵。
那里	伸开手臂，用食指指向目标。
掩护我	把手举到头上，弯曲手肘，掌心盖住天灵盖。

(续表)

手语含义	动作
放催泪弹	手指分开呈碗状,罩住面部的鼻子和嘴巴。
集合	手腕作握拳状,高举到头顶上,食指垂直向上竖起,缓慢地做圆圈运动。
推进	弯曲手肘部位,前臂指向地上,手指紧闭,从身后向前方摆动。
明白	手腕举到面额高度并作握拳状,掌心向着发指令者。
发现狙击手	手指弯曲,像握着圆柱状物体放在眼前,如同狙击手通过瞄准镜进行观察一般。
赶快	手部作握拳状态,然后弯曲手肘,举起手臂作上下运动。
看见	掌心稍微弯曲并指向接收信息的队员,手指间紧闭,将手掌水平放置在前额上。
检查弹药	手执一个弹夹,举到头顶高度,缓慢地左右摆动。
向我靠拢	伸开手臂,手指间紧闭,然后向自己身躯的方向摆动。
指令已收到	伸开手,大拇指和食指呈圆形状,同"OK"的手势相同。
下来	手臂向身旁伸出,手肘弯曲,掌心向下摆动至腰间高度。
撤退	胳膊垂直向下,握拳向后摆动。
安静	作握拳手势,竖起食指,垂直置于唇上。
单纵队	举起手臂,手肘弯曲,手掌垂直,前后作劈砍动作。
双纵队形	手肘弯曲,手举至头部,并且作握拳状,食指和中指伸出作钩状,前后摆动。
横向纵队	手部作握拳状,水平横向伸出手臂。
"V"字队形	前臂和身体垂直,手掌左右向下摆动。

4.5 战俘训练

4.5.1 战俘训练的意义

战俘是战争的直接后果之一,哪里有厮杀,哪里就会有战俘,这是胜负任何一方都无法避免的尴尬。为此,许多国家的军队都会专门进行战前被俘

第 4 章　战术技术训练

训练，尤其是海外服役人员。由于特种部队常常以小组的形式在敌后执行绝密的作战任务，所以他们沦为战俘的可能性比普通作战部队的官兵要大得多。与此同时，特种部队的任务常常需要保密，在许多场合下，他们还得不到正式的承认，享受不到应有的待遇，经常是被置于《日内瓦公约》的保护范围之外。因此，特种部队的战俘训练往往比普通部队更加严格。

美国的战前被俘培训，跟其全球作战的行为有关。据美国退伍军人事务部统计，从一战到伊拉克战争，美国共被俘 142246 人，不到 88% 的人能返回美国，其中 11% 的人在被俘中死去。20 世纪 80 年代前，美军海外士兵被俘后，其行动指南主要依靠美军《军人行为准则》。这仅仅是一种原则性的指南，许多士兵依旧缺乏必要的精神工具来应付被俘。为此，美国在 1981 年建立了战俘训练学校，主要训练课程为 SERE 训练，专门教士兵如何当战俘。SERE 训练的主要内容是"生存"（Survival）、"躲避"（Evasion）、"抵抗"（Resistance）、"逃跑"（Escape），而这也是训练名称的由来。

SERE 训练的作用是让落入敌手的士兵有能力生存下去，同时在被俘时保持坚定信念，即对同伴不离不弃、不接受特殊对待、不与敌人合作。士兵被俘后最大的恐惧，往往不在于肉体折磨，而是对未知的恐惧。很多士兵不知道接下来会发生什么，对同伴也缺乏信念。战俘训练，可以帮助士兵填补这一心理空白。因 SERE 训练在战场自救上成效显著，各主要西方国家纷纷效仿。直至今日，它仍是西方军队海外服役人员的标准训练项目。

自创建以来，美国战俘训练学校的训练内容不断演进。"9·11"事件后，样式更加丰富。培训课程中，除了最早的战争俘虏，还包括和平时期政府拘留和人质扣留两种场景，但后两种场景的训练强度，跟 SERE 训练还是无法相提并论。

参加 SERE 训练的美国陆军士兵

美国陆军士兵在模拟囚室中进行抵抗训练

美国陆军士兵在模拟训练中被"俘虏"

被关在模拟监牢中的士兵

4.5.2 战俘训练的内容

美国战俘训练学校中的模拟战俘营不准外人出入,保密极其严格。模拟战俘营与真实的敌军营地相差无几,有瞭望塔、铁丝网、水泥房监狱和金属笼子。甚至还伪装出墓地,上面插着十字架,营造恐怖氛围。营地里发生的一切关于"俘虏"和"看守"之间的行为,都是由专业人士细心编排的。"敌军"穿外国军队服装,说外国语言,压榨甚至剥夺被关押者的睡眠、食物,反复播放刺耳音乐,并运用二战期间的对敌策略来进行审问。在营地里,如厕需要通报,获准就地上挖个洞解决。

SERE训练一共持续19天,前10天为课堂教学,讲述"生存""躲避""抵抗"和"逃跑"四项训练的要领,而剩下的9天将进行实践训练。根据训练计划,在生存训练中,受训者要学会在很少甚至无水与食物的条件下,靠雨水、地沟水(甚至脏水)、树叶、野草、野兽和昆虫存活下来,而且要保持战斗力。受训者被扔在植被繁茂的原始森林中,同时还要躲避配有追踪犬的"敌军"。为增加训练难度,受训者被剥去口粮,食物自给自足。这意味着,受训者要懂得哪些动植物可食、可抓以及如何抓捕,懂得取水、保温、防虫等方法,并能处理简单的伤病。

美军士兵学习在丛林中寻找洁净水源

美国陆军士兵学习丛林生存技巧

俄罗斯士兵学习野外取火

在躲避训练中,受训者要学会在负伤的情况下,如何躲避敌人的追捕,以及在无弹药的情况下,使用可能得到的锐器、硬物,甚至徒手与敌人搏斗;

第 4 章 战术技术训练

在抵抗训练中,受训者要学会在被俘以后,如何顶住敌人的种种折磨。由于保密需求,躲避训练的具体细节很少为外界所知。在这里,受训者吃不饱、睡不足,再加上不断地盘剥与审问,承受着体力、心理和情绪上的三重折磨。

美国陆军士兵进行躲避训练

SERE 训练中被"俘虏"的美国陆军士兵

美国海军陆战队士兵进行抵抗训练

至于逃跑训练，目前还没有可靠的、能轻易得来的从监狱逃跑的法则。事实上，即或是有，法则本身也不会永远都富有成效，而对那些不能严格遵守的战俘来说，可能还会造成严重的后果。在逃命的情况下，无论是在监狱牢房，还是在规避追捕者的过程中，士兵必须有明确的目标和强烈的生存欲望，这是摆脱困境的先决条件。一个成功的逃跑计划要靠运气，也要靠判断力才能如愿以偿。战俘要注意监狱中对自己有利的、可以加以利用的规律。在此基础上，在脑海中建立起一幅监狱是如何运行，何时、何地守卫设防较少的轮廓图。此外，还要有一个周密的逃跑计划，并在脑海中反复演练，加入各种意外，以便检查计划的有效性。在考虑逃跑的期间，这种基本的精神准备工作能促进逃跑的欲望和动力。

SERE 训练分为 A、B、C 三级，以 C 级难度最大。C 级的培训对象主要包括特种兵、伞降信号兵、王牌飞行员、机组成员等。这些人共同的特点便是被俘风险高。SERE 训练之所以有效，是因为在承受压力和痛苦的过程中，人会获得免疫能力。通俗来讲，即一个人身体承受的冲击越多，他的承受力越强。经过了仿真战俘营的折磨后，士兵往往更愿意战死沙场，因为"被俘"后遭受的折磨让他们刻骨铭心。

美国空军飞行员参加 C 级 SERE 训练

第4章 战术技术训练

战俘训练并非美国一国专有，德国、日本、韩国、委内瑞拉等国家也有相应的培训。德国特种兵在接受"被俘训练"时，会被放逐到一个完全陌生地方，没有配给食物，全靠自己寻觅充饥。被"敌军"俘虏后，还会被剥光衣服羞辱，忍受 100 分贝的噪声。"敌军"想方设法让他们睡不着觉，比如对其用冰水浇身。

4.6 团队协作训练

4.6.1 团队协作的意义

当今社会，分工与合作的团队意识逐渐被更多的人所提倡和遵循。在这样的团体中，一节连着一节，一环扣着一环，谁也离不开谁。在军队中，士兵之间的合作同样重要，互相协作的士兵们构成的作战团体，战斗力会成倍提高，可以完成同样数量却各自为战的士兵们所不能完成的任务。

熟悉世界战争史的人都知道：1260 年，马穆鲁克大军在巴勒斯坦和叙利亚附近的艾因贾鲁打败了蒙古大军，这是蒙古大军西征过程中第一次在野战中被对手全歼。马穆鲁克是中世纪服务于阿拉伯哈里发的奴隶兵，主要效命于埃及的阿尤布王朝。后来，随着哈里发的式微和阿尤布王朝的解体，他们逐渐成为强大的军事统治集团，并建立了自己的布尔吉王朝，统治埃及达 300 年之久。从十字军东征时代到拿破仑战争以前，马穆鲁克奴隶兵是一支令人闻风丧胆的军队。不过，这样一支凶悍的军队却被拿破仑的军队击败了。

要知道，马穆鲁克兵精于骑术，而法国人却是欧洲最不善于骑术的民族，拿破仑本人就是一个不高明的骑手，他的骑兵和马匹质量也很一般。可以说，马穆鲁克兵的单兵作战能力远超法国兵。那么，为什么最后获得胜利的却是法国军队？答案就是团队协作。拿破仑曾说，"2 名马穆鲁克兵绝对能打赢 3 名法国兵；100 名法国兵与 100 名马穆鲁克兵势均力敌；300 名法国兵大都能战胜 300 名马穆鲁克兵；而 1000 名法国兵则总能打败 1500 名马穆鲁克兵"。这是因为拿破仑的骑兵经过正规的整体训练，富有纪律性，在作战中能够始终保持严整的队形。而非正规的马穆鲁克骑兵虽然在骑术和刀法上占有绝对优势,但是他们队形散乱,行动不协调,缺乏纪律素养。两军相交,马穆鲁克骑兵就抵挡不住法国骑兵的冲击,由单兵格斗的优势变成了整体较量的劣势。

现代战争中,团队协作依然具有重要意义。因为个体的力量是有限的,而团队的合作则可以实现个体难以达成的目标。一个性格、能力互补的团队,气氛和谐的团队,相互信任的团队,拥有强大的战斗力。智者千虑必有一失,每个独立的思想相互碰撞、相互激发、相互补充,就可以产生超常的智慧。既然是团队合作,每个人都在其中,每个成员都要为了共同目标而奋斗。团体成员都要主动地承担一部分压力,甚至为了最终的目的,主动牺牲个人的利益。这种因为相互信任的合作,甘愿为大局损失个人利益的合作,必将产生出无与伦比的整合力,使团队的能力迅速放大,直至取得最终的胜利或者达到最终的目的。

作战中密切配合的法国陆军士兵

精神抖擞的俄罗斯部队

美国海军陆战队士兵进行小队越障训练

第 4 章　战术技术训练

美军士兵在训练中互相帮助

4.6.2 | 团队精神的培养

二战后，世界各国进行了大量的军事心理学研究。为了了解多大规模的小分队最有助于士兵的稳定、统一和保持战斗意志，研究人员在战斗前线进行了细致的调查。他们发现，当一个分队规模太大时，凝聚力就开始减退，因为部队人数太多，不可能在所有人之间建立个人联系。理想的小分队应由 3～8 名士兵组成。在人数相对较少的小分队里，士兵们的态度、期望和战斗更容易趋向一致。也就是说，每名士兵在评价自己时也能用同样的标准来衡量他人，这又反过来使整个小分队更具战斗力，因为不存在薄弱环节。士兵在一起训练、一起战斗，也一起经历失去朋友的悲伤。正因为这样，他们相互间常常建立起无可挑剔的信任关系。他们拥有特殊的战术能力，每当他人更胜任从事一项工作时，他们会立即让位给他。

美国海军陆战队参与大规模的多兵种行动时，不论部队规模多大，他们始终固守所谓的"三个原则"。"三个原则"是指海军陆战队长官仅对 3 人或 3 个下属部队承担责任。因此，每名海军陆战队士兵隶属于一个 3 人战斗

单兵作战指南

小分队，一名海军陆战队下士对这个战斗小分队负责。一名中士就要控制3个战斗小分队组成的一个班，一名上士或中尉就要领导3个班组成的一个排。尽管在军队编制的级别上，每上一个级别人员数量都要扩大，但这种体制意味每个人对某群人来说只负有限的责任。这种现象所产生的结果便是，美国海军陆战队士兵之间有一个精心编织的关系网，每位士兵仅关注与他最近的3人网。这个体制不仅孕育了美国海军陆战队久负盛名的集体荣誉感，而且还有助于有效、明确地决策，这显然是部队成功的决定性因素。

当然，培养士兵团队精神的方法远不止这些。总的来说，培养士兵团队精神要用事业来凝聚，用品德来感召，用感情来维系。

美国海军陆战队通过拔河游戏培养团队精神

美国陆军通过滚轮胎的方式培养士兵的团队精神

美国陆军别具一格的团队精神训练方式

第4章　战术技术训练

美国陆军士兵在训练中建立友谊

俄罗斯军队通过走正步培养团队精神

4.7 数字化部队训练

4.7.1 数字化部队的特点

随着科学技术的不断发展,人类社会已逐步由工业时代迈入了信息时代。世界军事领域正在发生一场新的军事革命,21 世纪的军队将是数字化军队,21 世纪的战争也将是数字化战争。其最明显的标志就是数字化部队的出现。

在数字化战争中,各级指挥部的指挥手段全是数字化的图像系统。在每架战斗机或运输机上、坦克内、炮手位置上以及每个士兵的头盔上,都安装着摄像机,摄像机能随时将作战情况、敌方情况、友邻部队情况等信息发送回前线指挥部,其以数字化图像的方式进行发送。而指挥部则通过计算机把命令转换成数字化图像,并迅速将命令传送到各种武器装备和士兵们的数字化图像荧屏上,并随时跟踪。

数字化部队实现了指挥、情报、侦察、预警、通信、电子对抗的一体化和主战武器的智能化,具有机动灵活、指挥效能高等特点,是适应未来信息化战争要求的新型作战部队。数字化部队与一般部队的根本区别在于兵力和兵器通过通信技术数字化、武器装备智能化、作战系统网络化等方式连接为一个整体,从而实现指挥的实时化和侦察打击的一体化,大大提高部队的战斗力。

数字化部队的内涵是以最先进的数字化装备,将战场与作战保障及战斗勤务结合为一个整体,将战略构想、军备军训条令条例与每个士兵结合为一个整体,将战斗部队、预备役部队与社会民众结合为一个整体。实现部队数字化,一方面是指从单兵到整体的武器装备实现数字化;另一方面是指战场信息实现数字化,实现信息资源共享。部队数字化要使部队既能聚成一个高度的整体,发挥整体威力;又能发散为无数个集会单元,发挥单兵作战能力。

数字化部队与传统部队最大的不同,就在于它是以数字技术为支撑的新型军队,以数字通信技术联网,集战场信息获取、传输及处理功能为一体的

第4章　战术技术训练

部队，真正实现了军队作战的网络化。部队的各作战单元，既是信息的共享者，也是信息的采集者、制造者。部队可以很方便地实现战场纵向、横向和任意点对点的信息传输。

与传统军队相比，数字化部队能从"指挥与控制系统组成的一体化互联网络"中，及时地掌握战场所发生的一切。各级指挥官能直接通过"互联网络"调用各自所需的信息，掌握敌我双方情况，及时下达作战指令，也能发送自己掌握的战场情况，传递情报。各战斗成员也能通过特定的"战术互联网"相互了解、相互联系，遵循上级的意图，充分发挥主观能动性。这样就能提高反应速度，争取作战行动的时间，始终对敌保持进攻态势。各种火力单元对目标的定位、锁定、攻击都能根据战场信息反馈自动完成。

与普通士兵相比，数字化士兵装备了先进的单兵计算机和数字化通信设备，大大加强了各军兵种间的战斗协同能力。由于装备了热成像仪、激光瞄准器、远距离听力装置、GPS接收机等先进装置，数字化士兵在作战、通信、定位、敌我识别等方面都得到了极大的改善，大大提高了单兵综合作战能力。此外，数字化士兵的防护能力也显著增强。

目前，除美国、英国、法国等欧美国家正在大力发展自己的数字化部队外，印度、韩国等亚洲国家也不甘落后，雄心勃勃地发展自己的数字化部队。

训练中的美国陆军数字化士兵

法国陆军士兵正在操作数字化设备

训练中的挪威数字化士兵

训练中的德国数字化士兵

训练中的瑞士数字化士兵

全副武装的西班牙陆军数字化士兵

4.7.2 数字化部队的训练

数字化部队训练的方式

目前,在数字化部队建设方面,美国陆军的成果较为突出。高速发展的计算机技术、网络技术、仿真技术和人工智能技术推动着美国陆军数字化部队的改革和发展,美国陆军依托这些先进的技术,在数字化部队训练中,不断探索新的训练方式。

第4章 战术技术训练

20世纪70年代，美国陆军开始将模拟训练器材应用于部队训练的各个方面。20世纪80年代以来，美国陆军更加重视适合于实战要求的作战模拟系统的研制与开发，这是数字化部队建设和训练的一个重要内容。美国陆军认为，使用模拟系统进行训练有训练所需空间小、不破坏环境、动用部队少、花费经费少等诸多优点。迄今为止，美国陆军已能够模拟数十种武器装备的操作使用和相应的战术演练。美国陆军主要的训练模拟系统如下。

计算机推演训练

目前，由部队或单个人员即时提出作战环境和条件而进行的计算机兵棋推演，已经成为美国陆军师以上部队指挥与参谋人员最有效的训练方式，并且取得了一些经验。美国陆军将进一步完善模拟推演技术，以增强训练的有效性。美国陆军打算进一步扩大此种方法的使用范围，力争使其成为训练旅、营级指挥与参谋人员的有效方式。

虚拟现实训练

虚拟现实训练是一种让部队或装备在模拟的特定战场环境和条件下所进行的作战演练方式。利用虚拟现实技术，可创造出数字化部队训练需要的"人工合成作战环境"，可使受训者不是被动地观察计算机图表或与实际景物有一定差距的图像，而是在一个虚拟的十分逼真的三维世界，在视觉、声觉、触觉等人的全部感觉的作用下，身临其境般全身心地投入训练中。在遂行作战任务前，可以使用这种训练方式让部队适应环境、检验作战预案或者分析武器装备的使用效能等。

数字化部队训练的内容

美国陆军进行数字化部队训练，一般结合数字化部队与非数字化部队之间的对抗演习和高级作战试验，其内容主要有以下几个方面。

操作装备训练

武器装备的数字化是数字化部队的一个重要体现。因此，学会熟练操作和使用数字化装备是数字化部队的士兵首要的任务。士兵们必须熟练操纵有计算机处理单元、显示设备和数据输入装置的武器，以及装有新研制的数字化设备的主要作战平台。

单兵作战指南

作战协同训练

美国陆军数字化部队是包括轻步兵、装甲兵、炮兵、工兵、化学兵等诸兵种高度合成的部队,并且还拥有各种数字化作战系统。为发挥整体作战效能,进行作战协同训练必不可少,协同训练活动主要在连、营、旅级进行。军官应学会使用指挥控制系统,士兵应能熟练操作数字化装备并掌握基本的战术技术技能。数字化部队的信息传输与处理快、作战节奏快、各种作战行动转换快。因此,美国陆军要求,在训练中各作战单元的协同动作要有高度的紧凑性、简捷性、快速性。通过结构协同训练,可使数字化部队的所有作战单元和武器系统形成一个整体;实施功能协同训练,可以使数字化部队在作战中能够快速而高效地进行侦察目标、发现目标、跟踪目标、定下决心、攻击目标和进行毁伤评估。

人员素质训练

在武器越来越先进的情况下,美国陆军十分重视人的作用,尤其强调指挥员高超的指挥艺术以及参谋人员较高的专业素质。美国陆军要求,针对指挥员和参谋人员素质的训练应是数字化部队训练中的一个重要方面。在指挥员训练中,重点培训他们的信息利用能力、协同指挥能力和独立作战能力。

美国陆军士兵进行作战协同训练

第 4 章　战术技术训练

训练中的美国陆军数字化部队

训练中的加拿大陆军数字化部队

单兵作战指南

4.8 假想敌训练

在和平时期,用模拟的对手——假想敌来训练部队,以提高单兵战斗能力,是各国军队正在积极探索并在训练领域逐渐推广的一条经验。在这方面,美国、俄罗斯、英国及一些西欧军事强国无论在思想观念还是在训练实践中都已走在世界的前列。

20 世纪 70 年代,美国在军事领域进行了大刀阔斧的改革,其中一项措施就是从那些接近实战环境的训练基地中培养一个逼真的对手来磨砺自己。实战环境与和平环境差别极大,为使部队具有适应实战需要的作战技能与心理素质,就要在近似实战的环境中进行逼真的训练,尽可能提高训练的实战化程度。正是这种思想催生出遍布美国本土的各种类型、不同规模的多功能的训练中心或训练基地,同时也催生出专职假想敌部队"第 32 近卫摩步团"。

第 32 近卫摩步团是由美国陆军第 31 机械化步兵团的第 6 营和第 73 装甲团的第 1 营组成,这支部队完全按照苏军的作战方法进行训练,身穿苏军军服,使用苏军武器装备,按苏军的战法实施"战斗"。后来,这支假想敌部队表现得非常出色,在训练基地的对抗训练中常常将受训者逼入绝境。这种对抗训练大大提高了演习人员的参演积极性,而且可以使美军士兵和部队懂得敌人在战场上怎样行动,作战中如何避开敌人的强点,利用敌人的弱点打击对方。这种训练为美国陆军部队提供了按实战条件进行训练的机会。

除了第 32 近卫摩步团,美国陆军公开的假想敌作战单位还有第 11 装甲骑兵团和第 509 空降步兵团等。第 11 装甲骑兵团的总部位于加利福尼亚州欧文堡国家训练中心,虽然名为"装甲骑兵团",但现在已经被组织为一个多兵种的作战团队。

第4章 战术技术训练

美国陆军第11装甲骑兵团标志

经过一段时间的对抗训练后,美国陆军在设置的假想敌部队进行模拟训练中摸索总结出许多有价值的经验。在演习中,全编制地运用假想敌需要耗费大量的训练资源,因此,假想敌在演习中可缩小编制以减少费用。假想敌的人员、装备可临时从部队抽调组建,其数量和规模取决于部队提供支援人员的能力,通常假想敌1个士兵代表3个敌兵,1辆坦克代表1个坦克排,但具体比例要依据假想敌演练课题内容、作战环境、训练时间、装备和人员来确定。美国陆军通过逼真视觉模拟、音响效果模拟,逼真地显示出战场情境,然后通过这些进行训练,检测各种武器效果,分析数据,进行综合作战效能评估。

美国陆军假想敌训练的课题非常全面。美国陆军野战训练条令中就明确规定:假想敌部队应掌握有效的情报搜集程序、电子战技术、作战保密措施、欺骗措施、非常规战技术等多种技能。例如,第32近卫摩步团每次对抗演练的基本课题就有6个,演练时间9昼夜以上,有时持续1个月。此外,美国陆军假想敌训练的形式比较灵活,训练要求很高,假想敌部队甚至会完全照搬别国军队的作息时间和饮食习惯。

与美国相比,其他国家的假想敌训练在形式和内容上大同小异,但因经验、科技、军费等方面的差异,训练水平也有高有低。

美国陆军第 11 装甲骑兵团士兵正在训练

美国陆军第 11 装甲骑兵团使用 M113 装甲车改装而来的"通古斯卡"防空系统

第 4 章　战术技术训练

4.9　载具训练

4.9.1　车辆倾覆训练

坦克和装甲车是现代陆军装甲部队的核心装备，在地面战斗中发挥着极其重要的作用。对于步兵部队来说，军用车辆同样是必不可少的重要装备。按兵种的不同，士兵也需要掌握与车辆相关的驾驶、乘坐或者逃生技能。

目前，世界各国军队充分运用以计算机为核心的现代模拟技术，实现军事训练的跃升，以期以最大的效费比实现战斗力的有机生成。21 世纪以来，随着军队现代化的发展，大批轮式新型装备进入军队，车辆驾驶员训练的需求量大大增加，各国针对轮式车辆模拟训练开发出大量适用于本国的模拟训练器。

"悍马"装甲车

不过,"开车"并不是每名士兵都需要学习的技能,如何安全地"乘车",才是每个人都绕不开的训练。美国陆军有一项训练科目称为"车辆倾覆训练",其训练过程是通过特殊的车辆倾覆模拟装置让士兵学会在载具倾覆时的应对策略。在伊拉克、阿富汗等地区,路边炸弹是美军车队的头号威胁,一些简易爆炸装置的威力虽然无法直接摧毁军用车辆,但足以让军车翻覆,美军士兵需要学习在这样的情况下该如何应对。美国陆军使用的车辆倾覆模拟装置其实是将一辆"悍马"装甲车的车体安装在旋转轴上,通过旋转使"悍马"装甲车"翻车"。有人戏言,这种装置看起来就像是一台巨大的"滚筒洗衣机"。

4.9.2 | 直升机落水自救训练

在现代军队中,直升机具有广阔的用途。它可以执行短途和其他运输工具所难以完成的运输任务;可用于机降部队,尤其适于机降特种兵和突击部

希腊军用直升机因故障落水

第4章 战术技术训练

队；对地面和海面部队实施航空火力支援；用于反潜搜索和攻击；进行航空布雷、扫雷；用于寻找和营救遇难人员，救护和运送伤病员；执行战场侦察搜索、观测和校正炮兵射击等任务。

由于独特的作业环境和操纵原理，直升机的事故率较高。来自美国直升机安全协会（USHST）的数据表明：直升机的坠机率是所有飞行器中最高的，每10万小时发生3.72次坠机事故（2018年数据），高于热气球、飞艇、固定翼飞机。2012年，美国陆军直升机发生了71起事故，发生事故最多的机型是UH-60A/L"黑鹰"通用直升机和AH-64D"阿帕奇"武装直升机。UH-60A发生了14起事故，包括1起A类事故（导致数百万美元的损失，或导致人员严重受伤或死亡）。UH-60L发生了12起事故，包括3起A类事故。3起A类事故都发生在阿富汗，其中2起是坠机事故，另外1起是由于1名翻译太靠近直升机，导致其头部被旋翼击中而死亡。AH-64D发生了14起事故，包括3起A类事故。这3起A类事故都发生在阿富汗，其中1起是人为因素，另外2起是机械故障。

坠毁的美军直升机

为了降低军用直升机的事故率，各国军方都在不断改进直升机技术，并通过各类自救训练，提高直升机坠机后乘员的生存能力。其中，直升机落水自救训练是许多国家都很重视的项目。虽然各国的训练内容存在差异，但是总目标都是全面锤炼官兵海上自救互救水平，提高战场生存能力。一般来说，各国都会使用模拟机舱，进行直升机海上迫降、人员水下逃生等训练课目。

直升机落水后，除了要承受坠落时产生的作用力，还会迅速下沉，导致机身颠倒。训练中，模拟舱在水中翻滚360度，模拟直升机海上迫降后机体可能出现的一系列情况，训练者需要在模拟器翻转前一刻抓紧安全带，等舱体稳定后，迅速按照规定动作，解脱安全带，逃离舱体。

第 5 章

现代常规战争

　　常规战争是使用常规武器进行的战争，它是同核战争相对而言的。二战后，不少国家发展装备了大量的核、生物、化学武器，但慑于这些武器的毁灭性威力，任何国家都不敢轻易大规模使用，许多军事专家认为，地区性的常规战争仍是目前及今后一个时期内的主要战争形式。

单兵作战指南

5.1 单兵野外作战

5.1.1 野外作战的形式

☞ 山地战

山地战是指在高山或类似复杂地形下进行的作战。山地战是最危险的作战形式之一，战斗人员既要和敌军交战，同时也要对抗极端的气候和危险的地形。高山在任何时候都是危险的，山体滑坡、严寒、强风、闪电等情况都会对战斗人员造成额外的威胁，在某些连驮畜都难以通过的陡峭斜坡上的行军、运输、医疗后送等都势必消耗大量的资源。在战斗中，夺取制高点将给进攻或防御提供极大的优势。在山地战斗中，要攻击一支有准备的防御部队，进攻方必须投入比平地作战多得多的兵力。

山地作战训练一般来说是陆军训练科目中最艰苦和最危险的。在世界许多国家都是由特种部队或专门的山地步兵部队来接受这一训练，因为只有他们需要在这类地形下执行作战任务。有些多山国家的常规步兵部队也会接受类似性质的训练，但训练强度相对较低。

正在攀岩的美国海军陆战队士兵

第 5 章　现代常规战争

美国陆军第 2 步兵师士兵在山区训练

美国陆军士兵在山区作战

丛林战

丛林战是指在丛林地带进行的作战。丛林在军事上通常指的是典型的热带森林，同时也包括亚热带和温带森林地区的作战环境。丛林的高温度、高湿度和较大的降雨量对人和武器都是严峻的挑战。茂密的植被极大削减了武器、传感器和通信装备的作用范围，人的耐力和武器携载能力也被严重削弱。在人类战争史上，丛林作战历来是交战双方十分头疼的问题，在其他作战环境下具备的步兵技术作战优势，在丛林或森林环境中通常都会大打折扣。

美国陆军士兵在丛林地区作战

英国海军陆战队士兵在加纳进行丛林作战训练

沙漠战

沙漠战是指在沙漠地带进行的作战。沙漠这一地形的特点是：植被稀少；视界射界开阔，但由于缺乏方位物体而容易迷失方向；土质疏松，影响通行，不利于构造工事；水源缺乏，昼夜温差大；对核生化武器的防护能力差等。沙漠战属于特殊环境的作战样式。在享有某些优势的情况下，沙漠作战也面临众多挑战。

第 5 章　现代常规战争

严酷的沙漠环境对作战人员的体能和士气影响很大。因为严重缺水和气候的炎热，当暴露在外时，人员的体力会迅速下降，从而导致部队疲惫焦虑、士气低落。

沙漠环境对武器的使用影响也很大。沙尘和酷热非常容易损坏武器系统，特别是由计算机系统控制的高科技武器。所以，在沙漠作战中，要想方设法地保护武器不进沙子。

沙漠环境对作战行动也会造成很大影响。在酷热的沙漠环境里，地面上的热气会大大降低能见度，人眼观察的距离缩短，看到的东西形态模糊甚至失真，而且沙漠地区隐蔽条件极差，无处藏身。

另外，沙漠中强风带起的风沙会变得像锉刀一样锋利，在对人员造成行动阻碍和非致命损伤的同时会严重损坏机械装备的易损部位，如直升机旋翼、旋翼轴承、发动机进气口、枪管等部位。

美国陆军士兵在伊拉克沙漠地区作战

法国陆军士兵在索马里沙漠地区作战

5.1.2 野外作战的行进技巧

在野外作战时，士兵行进的时间远比作战的时间多。在没有准备好与敌人正面交锋时，就要灵活运用行进技巧，避开敌人的搜索和攻击。除了正常行走以外，士兵在野外作战时最常用的三种行进方式是低姿匍匐、高姿匍匐和跃进。

低姿匍匐时，身体的着弹面积最小。在需要穿过只有低矮隐蔽物的地方，且处于敌人的火力之下或敌人正在实施侦察时，可使用这种行进方式。低姿匍匐时，身体平贴着地面，用扣动扳机的手紧握枪身前方枪带挂钩处的枪带，保持枪口斜朝上，拖着枪行进。行进时，双手拉动身体，用腿将身体向前推，如此反复进行。

高姿匍匐比低姿匍匐的速度快，但着弹面积也有所增加。当隐蔽较多，且敌人的火力使你无法站立行进时，可使用这种行进方式。高姿匍匐的动作要领为：用手肘和膝盖支撑身体并移动，身体离地，双手持武器。在移动时，右肘配合左膝与左肘配合右膝交替使用。

跃进是最快的行进方式。为了防止敌人的机枪和步枪追踪射击，每次跃进的时间控制在3～5秒。跃进过程中切记不可停下来站在空旷地带，否则将会立刻成为敌人优先考虑的目标，招致猛烈的攻击。在跃进前，一定要尽量选择有掩体或隐蔽的路线。跃进前，如果你在某阵地进行过持续射击或者明显暴露，这会让你的位置更为敌人所关注，他们的枪口可能已经向你会出现的位置进行瞄准，随时开火，所以在跃进之前，要从你的阵地翻滚或爬行一小段距离，脱离阵地正面，从其他位置发起冲击，也可朝阵地的一个方向抛出沙土或者醒目物体，然后立刻从阵地另一侧跃出，总之一切目的在于发起跃进冲击前干扰敌人的判断。

如果必须通过空旷地带，面对敌人正面火力，应该以"Z"字形路线跃进。在跃进过程中，当在同一个运动方向或运动姿态持续2～3秒后，可随机变换姿态、方向，如向右或向左翻滚。

第 5 章　现代常规战争

美国陆军士兵在空旷地带观察情况

美国陆军士兵以仰躺姿势前进

美国陆军小分队通过空旷地带

美国陆军士兵练习低姿匍匐

美国海军陆战队士兵在己方火力掩护下迅速奔跑

5.1.3 单兵布雷和排雷

在野外作战时,地雷是敌我双方都会大量使用的一种武器。地雷的作用与古代的机关陷阱类似,主要用于阵地防御、道路封锁、迟滞追兵和对敌占领区的袭扰等。布设地雷可以通过机载布雷器、自动布雷车、火箭布雷车等多种较为高效的方式,但有时候也需要人工布雷。

单兵布设地雷的方法比较简单,但也有操作规范,并非挖个坑埋点土就完事了。首先,坑的深度要按照地雷的厚度来定,太深可能会在后期掩埋的时候爆炸(因为地雷上的泥土盖得太重),太浅可能会因雨水冲刷或是风吹使其暴露在地表。其次,坑底的泥土一定要夯实,尤其是反坦克地雷,以免目标碾过地雷时非但没有触发引信,反而将地雷压入地下。坑挖好后,要把地雷平放进坑里,此时的地雷通常没有安装引信,需要先拆下保险栓,然后将拔掉保险针的引信装入,再按回保险栓。此时,先不要急转动保险栓的开关,使其处于战斗状态。要先将一部分泥土覆盖在地雷上,再转动保险栓开关,以免在掩埋时一不小心触发了地雷。最后,将地雷伪装好,如果地雷体积很小,为了增加踩踏面积,可在上面盖上一块薄木板,注意不要留下埋雷的痕迹。

与布雷相比,排雷则显得十分困难,就算排雷的过程中没有造成人员伤亡,排雷所花费的成本和时间都远远高于布雷。如果在敌人的攻击下进攻或撤退,不得已要穿过雷区,就必须要先打开一条通路,以后再伺机清除其余地雷。排雷的主要手段是机械排雷和炸药排雷,但也不能保证百分之百清除地雷,并且存在破坏房屋建筑的风险。此外,某些环境复杂的地区,大型机械很难顺利进入。在这种情况下,只能选择人工排雷。这是最花时间也是最危险的方法,如果在战时,排雷士兵很容易被敌人狙击。

探测地雷的过程需要万分谨慎,首先要侦察附近有没有潜伏的敌人。如果有敌人的巡逻兵,需要观察巡逻兵的行进路线是不是在刻意避开某些区域。此外,还要留意土壤的色泽是否有不协调的地方,地面是否有裂纹,以及附近是否有埋设地雷的工具等。如果不确定这片区域是否设有地雷,需要先派出部队进行地雷侦测,发现地雷并评估出地雷的密度后,再派出地雷清除部队进行排雷。

第 5 章　现代常规战争

一个排雷班需要同时配备探测兵和标识员，如果是在敌占区，还需要有士兵进行警戒。标识员需要划出安全区域，以免后续部队不慎闯入还没有经过探测的危险地带。探测兵主要依靠探雷器探测地雷，必要时也可采用其他手段。发现地雷后，除了拆除引信这一种办法，也可以使用炸药直接诱爆，或使用专用试剂固化地雷和周围土壤，使其不能被触发。如果主要任务是秘密通过雷区，便无须花费时间排雷，只要做好标记即可。

布设在泥土路上的俄罗斯 TM-46 反坦克地雷

英国陆军士兵正在进行排雷训练

美国陆军使用无人车排雷

美国陆军第82空降师士兵正在进行排雷训练

5.1.4 单兵野外生存

野外生存，即人在食宿无着的山野丛林中求生。深入敌后或深入生疏的荒野丛林和孤岛上的特种部队、侦察兵、空降兵、海军陆战队，以及在战斗中与部队失去联系的步兵和失事的空勤人员等在孤立无援、食品断绝的情况下，极其需要野外生存的本领。

野外寻水

在所有的生存物资中，水是最重要的。在野外生存条件下，如果没有食物，一个人仍然可以在一定的条件下继续维持生命。如果没有水，人只能坚持短短几天时间。因此,如果一名士兵要在野外生存更长的时间,他就必须懂得如何去寻找水源或者如何获得淡水。

寻找水源时,通常采取观察草木的生长位置和动物的活动范围的方法来判定。第一,注意分析绿色植物的分布情况。一般哪里有水,哪里就有绿色植被。尤其是在绿色植物分布均匀的地区,突然出现一小块长得特别茂密的植被,这足以说明这些生长茂盛的植物正在吸取靠近地面的水分。从那个地方往下挖,最容易找到水源。第二,将动物当成寻找水源的向导。绝大多数哺乳动物定期补水,草食性动物通常不会离水源太远,因为它们早晚都需要饮水,留意跟踪动物的足迹经常会找到水源。第三,留心特殊的含水地质结构。在石灰岩与熔岩地带常常可以发现一些流量比较大的泉水,而其他岩石地带不常见。在干涸的河床或沟渠下面很可能会发现泉眼,尤其是在砂石地带。

由于水在自然界的广泛分布和流动,特别是地面水流经地域很广,一般情况下难以保证水源不受污染。因此,找到水源并不意味着可以直接饮用。在野外没有检验设备时,可以根据水的色、味、湿度、水迹概略地鉴别水质的好坏。纯净的水在水层浅时无色透明,深时呈浅蓝色,通常水越清水质越好,水越混浊则说明水里含杂质多。一般清洁的水是无味的,而被污染的水带有一些异味。清洁的水不会在白纸上留下斑迹,有斑迹则说明水中杂质多、水质差。如果找不到干净的水源,也可以通过物理法和化学法来改善水质,前者主要是将水煮沸消毒,后者则是利用化学药品氯、碘、高锰酸钾、漂白粉、明矾等。在野外因条件限制,也可以用一些含有黏液质的野生植物净化混浊的饮用水。

在找不到水源的情况下,也可利用简便方法获取少量的水或利用一些植物解渴。例如,可以从树枝上面砍下来一些枝叶或者寻找一些草本植物,把它们封装在一只干净的大塑料袋里面,然后把这只塑料袋放在阳光下面,在太阳光的作用下,保存在枝叶里面的水分将被抽取出来。此外,也可以收集露水和雨水。夜里气温逐渐下降,空气中的水分便凝结成露水,贴附在地面或植物上,早晨用塑料容器或布片一滴滴收集露水,可解燃眉之急。下雨时,可利用衣物大量收集雨水,也可用空罐头盒、杯子、钢盔等容器收接雨水。

在寻找水源的同时，士兵也要努力减少自身水分流失。身体脱水的速率通常是由体内现有存水量、气温、阳光照射情况、烟酒控制程度、心理情绪、进食情况等因素决定，因此，要维持体液平衡，必须时刻留意这几个方面的情况。

美国陆军第101空降师士兵学习野外寻水

美国陆军士兵利用塑料袋抽取植物水分

野外觅食

野外觅食的种类主要有野生植物、野兽、飞禽、爬行动物、昆虫、鱼类、藻类等，这些动植物大部分都可食用，只有少量有毒不可食用。

可食用植物是野外求生时最容易找到的食物。采食野生植物最大的问题是如何鉴别是否有毒。全球各地的植物种类繁多，很难辨识哪些是可食用植物，而哪些植物不可食用。在无法对食物用科学的方法进行检验时，可以通过一些规律来判断植物的可食用性。一般的白色或黄色浆果类植物均有毒性，有一半的红色浆果类植物可以食用，而蓝色或黑色浆果类植物几乎均可食用。

有些植物的茎部只结有一颗果实,一般这类植物可以食用。不要食用任何带有乳白色奶状液汁的植物,也不要食用对皮肤有刺激作用的植物。此外,有许多植物在加热的情况下会发生化学变化,从可食用植物变成有毒食物。

野兽、飞禽、爬行动物、昆虫和鱼类的热量高,营养丰富,堪称野外生存时的绝佳食物。捕猎野兽时,对大型动物通常采用陷阱猎获的方法,对小型动物可采取压猎、套猎和竹筒诱猎等方法。捕猎爬行动物时,可采取叉捕法、泥压法和索套法捕捉。可食用的昆虫种类很多,如蜗牛、蚂蚁、蚯蚓、知了、蚱蜢等,可采取手捕、网罩、挖洞掏洞等方法捕获。捕鱼可使用钩钓、针钓、脚踩、手摸、拦坝戽水等方法。要注意的是,除非有绝对的把握杀死猎物,否则千万不要在近距离内与大型动物搏斗,因为那样做的危险太大。

一般的动物类食物要经过烹调后才能食用。对于兽类,可以切成很小的肉块,彻底煮沸以后食用。对于鱼类,最好的方法是炖熟或者用树叶包裹起来进行烧烤。对于鸟类,大鸟可以煮食,而小鸟可以烧烤。对于爬行动物,可在清除内脏以后,放入炽热的炭火直接烧烤。当皮肤脱落以后,可以再用水煮食。对于蛇类,首先要把头部切割下来,这是因为它们的头部往往含有毒腺。对于蛙类,因为其外表皮肤带有毒性,必须剥下外表皮肤,然后穿在树枝上面进行烧烤。对于龟类,可以用水煮,使其硬盖脱落,然后把肉切割下来,再用其他方法进行加工。对于虾类,可以采用水煮的方法清除其外表硬壳。各种海产品都具有一个特点就是容易变质,为此,应当尽快进行烹饪处理。对于昆虫,可以煮食,也可以放置在烤热的石板上面烤干,然后把它们压碎或者碾成粉末放入汤内或者其他菜肴中。

加拿大士兵宰杀小型啮齿动物

美国陆军士兵捕获毒蛇

美国陆军士兵正在布设陷阱

美国海军陆战队士兵捕猎小型哺乳动物

👉 野外取火

在野外求生时,火的重要性不言而喻。它具有多种多样的用途,可以取暖,可以烤干衣服,可以烧开生水,还可以用来煮食物或者向远方发出求救信号。因此,在野外生存,若没有火柴或者其他现成的取火方式,就必须利用周围的天然材料来取得火种。

取火的方法可谓多种多样,准备取火时,一定要选择在避风处或者使自己的后背对着风刮来的方向。如果弹药充足,可以使用枪弹取火法,具体步骤为:取一发子弹,将弹丸取出,倒出2/3的发射药,撒在干燥易燃的枯草或纸上,把弹壳空出的地方塞上纸和干草,然后推弹壳入膛,用枪口贴近撒了发射药的引火物射击,引火物即可燃烧。

如果随身携带了电池,可以把一条绝缘电线的一端连接到电池的正极,再把另外一条绝缘电线的一端连接到电池的负极。然后把这两条电线剩余的那两端连接至一条没有绝缘层的电线。此时这条电线必然会发光发热,由此点燃引火物。一旦取火成功以后,应当立即把电池挪开。

第 5 章　现代常规战争

在阳光充足时,可以利用一只放大镜、一只照相机镜头片、一只具有放大功能的闪光灯镜头片或者一个带有凸形的玻璃瓶残片,将阳光聚焦在引燃材料上面,以此获得火种。如果方便,可以使用香烟作为引燃材料。

如果上述方法都无法采用,便需要用到一种非常古老的取火方法——钻木取火。首先,要找到合适的干燥木材做钻板,质地较软的白杨树、柳树都是不错的选择。然后,要找一根质地较硬的树枝做钻头,将钻板边缘钻出倒"V"形的小槽。最后,在钻板下放入易燃的火绒或者枯树叶,然后双手用力钻动,直到钻出火来为止。

美国海军陆战队士兵学习野外取火

美军士兵利用凸镜取火

美军士兵在寒带森林中取火

单兵作战指南

野外急救与防治

野外环境恶劣，受伤或患病都是极有可能发生的事情，必须做到积极预防、正确治疗，才能在野外成功生存下去。以下是一些常见伤病的防治方法。

蚊虫叮咬

在野外为了防止蚊虫的叮咬，士兵应穿长袖上衣和裤子，扎紧袖口、领口，皮肤暴露部位涂抹防蚊药。不要在潮湿的树荫和草地上坐卧。宿营时，可在营火中加入艾叶、青蒿、柏树叶、野菊花等植物，用于驱赶昆虫。被蚊虫叮咬后，可用氨水、肥皂水、盐水、小苏打水、氧化锌软膏涂抹患处止痒消毒。遇到蚂蟥叮咬时，不要硬拔，可用手拍或用肥皂液、盐水、烟油、酒精滴在其前吸盘处，或用燃烧着的香烟烫，让其自行脱落，然后压迫伤口止血，并用碘酒涂抹伤口以防感染。

昏厥

野外昏厥多是由于摔伤、疲劳过度、饥饿过度等原因造成的。主要表现为脸色突然苍白，脉搏微弱而缓慢，失去知觉。遇到这种情况，不必惊慌，一般过一会儿便会苏醒。醒来后，应喝些热水，并注意休息。

中毒

中毒的症状是恶心、呕吐、腹泻、胃疼、心脏衰弱等。遇到这种情况，首先要洗胃，快速喝大量的水，用指触咽部引起呕吐，然后吃蓖麻油等泻药清肠，再吃活性炭等解毒药及其他镇静药，多喝水，以加速排泄。为保证心脏正常跳动，应喝些糖水、浓茶，暖暖脚，立即送医院救治。

中暑

中暑的症状是突然头晕、恶心、昏迷、无汗或湿冷，瞳孔放大，发高烧。发病前，常感口渴头晕、浑身无力，眼前阵阵发黑。此时，应立即在阴凉通风处平躺，解开衣裤带，使全身放松。发烧时，可用凉水浇头，或冷敷散热。

冻伤

如果发现皮肤有发红、发白、发凉、发硬等现象，应用手或干燥的绒布摩擦伤处，促进血液循环。轻度冻伤用辣椒泡酒涂擦便可见效。如果发生身体冻僵的情况，不要立即进入温暖的室内，应先摩擦肢体，待恢复知觉后，再到较温暖的地方。

蜇伤

被蝎子、蜈蚣、黄蜂等毒虫蜇伤，伤口会红肿、疼痒，并伴有恶心、呕吐、头晕等症状。要先挤出毒液，然后用肥皂水、氨水、烟油、醋等涂擦伤口，或者将马齿苋捣碎，汁冲服，渣外敷。此外，也可用蜗牛洗净捣碎并涂在伤口上。

毒蛇咬伤

被毒蛇咬伤后应保持镇静，切勿惊慌、奔跑，以免加速毒液吸收和扩散。同时，尽快用止血带或橡胶带，随身所带绳、带等在肢体被咬伤的上方扎紧，结扎紧度以阻断淋巴和静脉回流为准。缠扎止血带后，可用手指直接在咬伤处挤出毒液，在紧急情况时可用嘴吸吮（口腔内应无破损或龋齿），边吸边吐，再以清水、盐水或酒漱口。如果中毒症状仍未消退，可将伤口按十字形划开，再次吸吮，然后将患肢浸在 2% 冷盐水中，自上而下用手指不断挤压 20～30 分钟。

美国陆军士兵为受伤的队友包扎伤口

单兵作战指南

野外识别方向

要想在野外环境里化险为夷,就必须树立正确的方向概念,即搞清楚东、南、西、北这四个基本方向。只有找到正确的前进方向,才能避免走弯路,尽快脱离险境。正确辨认方向的基本方法如下。

指北针

指北针通常是士兵的标准装备。要注意的是,指针指向"北"或"N",这个方向是磁北方向,与正北方向有一个偏差角度,应计算出磁偏角的数差,以取得准确的指北针方向。

手表

将手表托平,表盘向上,转动手表,将时针指向太阳。这时,表的时针与表盘上的12点形成一个夹角,这个夹角的角平分线的延长线方向就是南方。

北极星

北极星是最好的指北针,北极星所在的方向就是正北方向。北斗七星(大熊星座)像一个巨大的勺子,在晴朗的夜空里很容易找到,从勺边的两颗星的延长线方向看去,约5倍距离处,有一颗较亮的星星就是北极星,即正北方。

影子

在晴朗的白天,找一根直杆,垂直插在地上,在太阳的照射下形成一个阴影。把一颗石子放在影子的顶点处,约15分钟后,直杆影子的顶点移动到另一处时,再放一颗石子,然后将两颗石子连成一条直线,向太阳的一面是南方,相反的方向是北方,直杆越高、越细、越垂直于地面,影子移动的距离越长,测出的方向就越准。

植物

树冠茂密的一面应是南方,稀疏的一面是北方。苔藓的道理与之相同。另外,通过观察树木的年轮也可判明方向。年轮纹路疏的一面朝南方,纹路密的一面朝北方。

第 5 章 现代常规战争

军用指北针　　　　　　　　　北极星方位示意图

5.2 单兵城市作战

5.2.1 城市作战的特点

城市作战是随着城市的产生而产生的一种作战形式,是以人口聚居的城市或城镇,甚至是更大的都会区来作为主要战斗场所的现代化战争方式。城市的安危得失是战争胜败的重要标志,城市地区已成为 21 世纪的主战场。一般来说,城市作战具有以下特点。

战场环境异常复杂

城市作战中,防守一方可以利用高大的建筑物和四通八达的地下工程设施,构筑坚固的堡垒;可在市区内大量设置地雷和各种障碍物;可以居高临下,以点控面，进行观察和狙击；可以利用楼房、街区，组织交叉火力。而对进攻一方来说，常常需要攻坚夺点、短兵巷战，加之地形、敌情不明，易遭敌方伏击和冷枪射击。20世纪80年代以来的几场城市作战，进攻一方都付出了沉痛的代价。

受地形所限，城市作战中的兵力兵器主要沿道路及其两侧街巷机动，因此战斗队形易被割裂，不利于大兵团的活动，而小分队将发挥极大的作用。为适应城市作战独立战斗、攻坚战斗的要求，需要编成集突击、破障、火力支援于一身的最低一级的诸兵种合成分队，使各分队能够保持战斗队形，灵活机动执行任务。

美国陆军第 2 步兵师士兵在巴格达市内与游击队交火

美国陆军第 1 骑兵师士兵在费卢杰市内搜查房屋

通信指挥协同困难

城市作战中，有线电通信机动性不强，无线电通信特别是甚高频和超高频通信，受高大建筑物的影响和声、光、磁的干扰，信号欠佳；旗语、手语等联络方式会受到墙壁和建筑物的遮挡，难以沟通；战斗接触面小，与敌交战的多是班组或单兵，交战双方往往是一路、一墙之隔，兵力分散，不便指挥协同。因此利于单兵作战，而不利于联合行动。美军认为，城市作战是"下士（班长）决定的战斗"，是"真正的勇士的搏斗"。

第 5 章　现代常规战争

以色列国防军士兵在城市作战训练中心徒步行军

在作战训练中心进行城镇战训练的美国海军陆战队士兵

装备优势发挥受限

军队现有的技术装备主要是针对一般地形作战设计的。在一般地形可以最大限度地发挥优势的军事技术，在城市作战中其作用将大大削弱。城市作战面临的是不规则的、复杂的作战环境。大范围侦察定位系统、空中火力、远距离火力，在有防护、伪装和隐匿的城区，其看得远、打得准的优势很难发挥。例如，1993年10月，进入摩加迪沙市区的美军，虽然拥有绝对的技术优势，但面对艾迪德民兵武装的袭击，也只能进行"步枪对步枪"的作战，其高技术装备几乎无用武之地。当然，如今美军正在大力研制适用于城市作战的高科技侦察装备，这一困难将得到一定程度的克服。

美国海军陆战队士兵进行步坦协同训练

美国陆军和保加利亚陆军联合进行城市作战演习

射击和机动困难

在城市作战中，由于近在咫尺的建筑物遮蔽了视线，致使视界和射界受限，存在大量观察和射击死角，不便于实施侦察，更不便于发挥火力优势；小巷狭窄，不便于坦克等装甲车辆的机动，且在主干道上行驶，易遭反坦克武器的打击，风险较大；军事目标和非军事目标紧密相连，战时既要摧毁军事目标，还要考虑保护重点非军事目标。因此，便于使用轻武器，重型兵器的使用则大大受限。

第 5 章　现代常规战争

美国陆军第 82 空降师士兵进行城市作战演习

德国国防军步兵正在搜查一座建筑物

5.2.2 | 城市作战的行进技巧

城市街巷纵横，建筑物高大、坚固、密集，地下工程设施复杂，作战条件恶劣。熟练掌握城市作战中的行进技巧，有利于提高单兵生存能力。行进技巧必须不断地练习，直到成为习惯。以下是城市作战中通过不同位置的行进技巧。

翻越围墙

在侦察过墙那边的情况后，士兵快速滚过墙头，身体尽可能放低。高速度和低姿态可以避免敌人的火力打击。

穿越拐角

在穿越拐角之前，必须先仔细观察周围情况。在拐角常犯的错误就是将武器从墙角处露出，暴露自己的位置。探头观察时要低于敌人以为会出现的高度，正确的观察技巧是：平躺在地上，避免武器露出，戴好头盔，探出头，能观察清楚即可。

通过窗户

通过窗户时最常犯的错误就是露出自己的头部，从而被躲藏在室内的敌人击中。运用正确技巧通过窗户时，士兵的身体要低于窗户，确保自己的侧面轮廓不会暴露，要沿着建筑物的边缘运动。此时室内的敌人如果要射击就必须把自己暴露在掩护火力下。通过地下室窗户时同样如此，最常见的错误是没有发现地下室的窗户。不能跑过或走过窗户，那样就给敌人提供了一个很好的目标，应紧贴墙面跳过窗户，避免露出腿部。

出入门口

门口通常不能用作入口或出口，因为敌人的火力肯定已经封锁住它了。如果必须从门口出来，那就尽快冲出，到达下一个隐蔽地点，使自己暴露的时间尽量短。此时要强调的是预先观察位置、速度、低姿和掩护火力。

第5章 现代常规战争

与建筑物平行运动

在城市作战中,士兵不可能一直在建筑物内部前进,在室外行进时,要利用烟幕、掩护火力和掩体以保证行进的隐蔽。要紧贴墙角、利用阴影、少暴露轮廓、快速行进到达下一个位置。如果建筑物内的敌人要射击,他就会暴露在我方的掩护火力下。

穿越开阔地

街道、小巷、公园之类的开阔地应尽量避免,那是敌人重火力武器天然的歼敌区。但如果遵循一些基本原则,也能安全地穿越。首先要有清晰的行动计划,并利用发烟手榴弹提供掩护。在建筑物之间运动要走最短的路线,尽量减少暴露的时间。在向下一个位置运动之前,要目视观察,选择一个最好的隐蔽位置,同时选择适当的运动路径。

小分队在建筑物之间行进

步兵小分队在建筑物之间行进时是一个较大的目标。从建筑物的一个角到另一个角时,步兵小分队将穿越开阔地,从建筑物的一个面前往另一个面时,情况类似,应用的技巧也一样。步兵小分队应以建筑作掩护,在向邻近建筑运动中,两名士兵之间应保持3～5米的间距,使用预先约定的信号,突然冲出,穿越开阔地,冲向下一座建筑。

阵地之间的行进

从一个位置向另一个位置转移时,要注意不要遮挡住自己的掩护火力。一旦到达新的阵地,应立即做好准备掩护己方其他士兵。必须充分利用新的射击位置,压制敌方火力。

在建筑物内部行进

当处于攻击之下而在建筑物内行进时,要注意避免在门窗处暴露自己。通过走廊时,要紧贴墙壁,避免成为靶子。敌人经常在门窗处设置诡雷,进屋时应避免触动把手,可以用手枪向插销处点射一发,然后将门踹开。如果发现有诡雷,应做好标记、上报并绕行。进入每个房间之前,最好向室内投掷手榴弹。

正在翻越围墙的美国陆军士兵

美国陆军士兵在通过窗户时矮身行进

乌克兰士兵在出门后迅速开火

美国陆军小分队正在经过建筑拐角

美国海军陆战队士兵以围墙为掩蔽物向前行进

美国海军陆战队小分队在建筑物之间小心行进

英国陆军士兵在建筑物内部行进

5.2.3 城市作战的射击位置

在城市作战中，无论进攻、防御还是撤退，成功与否都取决于士兵能否精确射击敌人，同时尽量隐蔽自己，免受敌人攻击。这就要求士兵能迅速寻找和正确利用射击位置。一般来说，城市作战中的射击位置分为两种，一种是仓促射击位置，另一种是预设阵地。

第5章 现代常规战争

仓促射击位置

仓促射击位置通常应用于进攻作战或防御的早期,可以是士兵主动修建,也可以是在敌人的打击下被迫修建,修建前都缺乏必要的准备。城市作战中,常见的射击位置有建筑拐角、断墙、窗户、孔洞、房顶等。

建筑拐角

士兵必须能熟练地用两侧肩膀射击,以有效地利用拐角,常见的错误就是用错肩膀,导致自己身体的暴露面积过大。另一个常犯错误是站姿射击,士兵会暴露在敌人预期的位置上,较高的身影成为敌人很好的靶子。

断墙

士兵在断墙后射击时,必须围绕墙体,不能超出。

窗户

窗户提供了一个很好的射击位置,士兵要注意不要站姿射击,那样会把自己暴露在敌人回击火力之下,而且自己的身影在深色背景前也很醒目,枪口火光在夜间更是明显的目标。士兵应该离窗口稍远一些,防止敌人看到火光,要采用跪姿或其他姿势射击,防止自己的形象过于突出。

孔洞

士兵可以在墙上开洞用于射击,此时要注意自己的位置,要确保枪口焰不超出洞口,不会被外面看到。

房顶

房顶为狙击手提供了很好的射击位置,有着很好的视界和射界。房顶上任何突出物如烟囱、烟窗等都可以作为隐蔽物来使用。

英国陆军士兵在建筑拐角观察敌情

澳大利亚士兵在房顶射击　　　　美国陆军士兵利用孔洞射击

美国陆军士兵利用土墙的孔洞射击

预设阵地

预设阵地是指预先修筑或改造的射击位置，用于向特定区域开火并减少自身的暴露。预设阵地主要包括加固的窗户、加固孔洞、狙击阵地、反装甲阵地和机枪阵地等。

加固的窗户

士兵可以用封堵的方法加固窗户，只留下一个较小的孔洞。封堵材料可以是从内墙上取下的，也可以是从其他途径得到的材料。封堵窗户时不能只封堵用于射击的窗户，也不能封堵得太过棱角分明，否则敌人马上可以判断出射击位置。

第5章 现代常规战争

一般来说，士兵在窗户底部射击更为有利，射击位置暴露得更少。窗户下面要用沙袋加固。窗户上的玻璃要去掉，防止碎片伤人。窗帘要保留，因为士兵可以透过窗帘观察和射击，敌人却不能透过窗帘看到里面。武器下方应铺上湿毯子，防止激起尘土。窗口挂上纱窗或网可以防止敌人投入手榴弹。

埋伏在加固的窗户后方的英国陆军士兵

加固孔洞

虽然窗户是很好的射击阵地，但不能总在一个地方射击。士兵应修筑备用射击位置，如在墙上打孔，用于观察和射击。打孔后可用沙袋堆在墙后孔洞的周围以加固，如果阵地在二楼或更高楼层上，还应在地板上铺两层沙袋，防止来自下方的爆炸。士兵后方也要用沙袋、碎石、家具等加以保护，还要用桌子、床架等保护士兵的顶部，防止来自上层的爆炸和落物伤人。为了进一步增强安全性，可以在墙上多开几个孔用以迷惑敌人。

狙击阵地

烟囱为狙击手修筑阵地提供了很好的位置，房顶的部分建材要拆除，狙击手可以站在房顶下的檩条上或构筑的平台上，只露出头和肩部，在烟囱后射击。狙击手的侧面要以沙袋加固。如果房顶上没有突出物，狙击手应该在面向敌人的房顶下修筑阵地。阵地要以沙袋加固，把房顶材料如砖瓦等拆下一小块作为孔洞。为防止缺失的砖瓦成为敌军识别的标志，别处砖瓦也要拆下几块以迷惑敌人。狙击手和射击时的枪口焰都不能在外面看到。

在选择和构筑狙击阵地时，要注意以下方面：尽量利用隐蔽和掩蔽物；不要在掩蔽物顶部射击，尽量在掩蔽物旁边射击；不要把自己的身影暴露在浅色建筑、天空等背景前；在离开旧的阵地前就要谨慎选好新阵地；不要固

单兵作战指南

定射击位置,在封堵和未封堵的窗户处都要射击;暴露时间尽量短;一旦占领一个仓促射击位置,要立即加以改造;尽量用建筑材料加固阵地。

美国陆军狙击小组在建筑物内观察目标

反装甲阵地

在城市进攻作战中,无后坐力武器的尾焰大大限制了士兵选择阵地的灵活性。在为无后坐力武器和反坦克导弹选择阵地时,要尽量用碎石、墙角、拐角、废弃车辆等保护炮组成员。没有时间在墙上打孔和清扫武器后方空间时,可以选择拐角窗户一类的地点,炮弹从一个窗口飞出,尾焰向另一个窗口泄出。房间的拐角可以用沙袋加固。此外,也可以在房顶以烟囱作掩护,阵地后方用沙袋加固。需要注意的是,士兵应多选择几个阵地,以保证需要时可以变换位置,尤其是原有阵地不能抵挡轻武器火力时。

美军狙击手在窗户后方射击

第 5 章 现代常规战争

装备 AT-4 火箭筒的美国陆军士兵

机枪阵地

机枪没有尾焰,可以布置在任何地点。在进攻中,门窗提供了很好的位置,但也是敌人重点观察和射击的目标,所以要避免。在进攻中造成的墙上的孔洞都可以用作射击孔,也可以用炸药炸孔。不管是用何种孔洞,机枪都应在室内或阴影里射击。一旦占领建筑,士兵要立即封堵门窗,只留下小口用于射击。射击中要灵活变换位置。

防御中要广泛地利用射口,孔洞的布置上不能有任何规律性,不能都布置在地面或桌子的高度,应变换高度和位置以免被敌人识别。假孔洞、成排的孔、临时用非故意造成的孔射击都可以欺骗敌人。灌木丛后、屋檐下、门口立木下的孔洞都难以被敌人识别。可以把机枪布置在墙角和建筑下的沙袋工事里以加强火力,桌子、沙发等都可以完整地用来加固阵地。

此外,还有一种不常用的机枪布置方法,就是将机枪安置在高处,让子弹越过废弃的车辆、障碍等以避免被它们遮住射界,这就要求在楼上或房顶精确寻找射击位置,而且要严密伪装。

美国陆军士兵在围栏后方架设轻机枪

美国陆军士兵在房顶使用轻机枪射击

5.2.4 | 手榴弹使用技巧

手榴弹是城市作战中使用频率较高的单兵武器。由于城市作战环境复杂、战斗激烈,士兵在投掷手榴弹时更需要万分小心。

第 5 章 现代常规战争

城市近战中经常使用破片手榴弹，用于投掷到步枪和 40 毫米枪挂榴弹发射器攻击不到的区域，压制近距离内及各种掩体后作战的敌方火力和人员。破片手榴弹起爆产生的破片可侵彻石膏板隔墙，但不能侵入沙袋、砖块建筑，对于木质框架建筑或劣质房屋，如果在墙面近处爆炸，也可在墙面上打出裂孔。破片手榴弹在 15～20 米内具有较大的杀伤力，25 米外杀伤性骤降。室内的家具、床垫、门以及书本等可对破片手榴弹起到一定的防护屏障作用，但无法保证房间内人员的安全。地板上爆炸的破片手榴弹，其产生的破片不仅会向周围发散，而且还会侵入到下一楼层。破片手榴弹的这些特点都需要士兵牢记在心。

士兵对准窗户扔入破片手榴弹时，必须考虑掩护措施，因为在 20 米距离以外未将手榴弹投入 1 米 ×1 米的标准窗户的概率很大。如果破片手榴弹撞到窗角或者窗户玻璃太厚，手榴弹就不能进入房间或者会被弹回。

至于其他类型的手榴弹，也各有各的特点，均需要士兵熟练掌握。烟幕手榴弹可为部队和车辆机动提供有效掩护，但在城市作战中必须慎重使用。燃烧型烟幕手榴弹一经点燃将剧烈燃烧，难以熄灭，使用不当可能造成灼伤，同时其产生的烟雾浓度高，并且消耗空气中的氧气，会令人呼吸困难，在狭小空间内甚至可导致窒息而死。爆炸型烟幕手榴弹起爆产生的燃烧颗粒也会带来附加伤害。燃烧手榴弹用于毁坏装备和纵火，可对车辆、武器系统、工事、弹药等多种军事装备进行焚毁，对诸如木质结构的易燃目标纵火十分有效。在城市近战中，是用于对付敌方装甲车辆的有效武器，可以从高处向敌方车辆顶部投掷。

进攻手榴弹可以在封闭区域内产生强烈的爆震效果，在城市战中备受青睐。它可以用于轻型爆破和毁坏，甚至用于在建筑物的内墙上制造裂口。进攻手榴弹产生的爆震效果比破片手榴弹要强很多，在杀伤碉堡、建筑物和地下坑道内的敌人时效果显著。

美国陆军士兵练习跪姿投掷手榴弹

单兵作战指南

美国陆军士兵练习卧姿投掷手榴弹

以站姿投掷手榴弹的美军士兵

第 6 章

反恐与维和行动

20世纪70年代后,世界范围内已经很少爆发大规模的常规战争,但是小规模的局部战争时有发生,联合国也因此经常组织维和行动。另外,随着恐怖活动的大范围泛滥,许多国家都组建了专门执行反恐任务的部队。反恐与维和行动,可以说是非常考验单兵作战能力的两种战争形式。

6.1 反恐行动

6.1.1 反恐行动概述

恐怖主义是指有意制造恐慌的暴力行为，意在达成宗教、政治或意识形态上的目的而故意伤害非战斗人员（平民）或将他们的安危置之不理。恐怖主义兴起于20世纪60年代末，盛行于20世纪70年代，猖獗于20世纪80年代以后。有人把恐怖主义称为"20世纪的政治瘟疫"，也有人把它和政治腐败、环境污染并称为21世纪人类面临的三大威胁。

二战结束之后直到20世纪60年代末，恐怖主义的活动热点是在殖民地、附属国或刚独立的民族国家，这一时期的恐怖事件明显增多。20世纪70年代以后，恐怖主义组织已经形成一个较为松散的国际网络。据有关机构统计，在1970～1979年的9年间，因遭恐怖活动丧命的人数多达4000人，年均400余人。20世纪80年代，全世界发生了近4000起恐怖活动，比20世纪70年代增加了30%，死亡人数则翻了一番。仅1988年国际上的恐怖活动就发生了856起，死亡人数多达660人，其中民族矛盾比较复杂的中东地区共发生313起，占全世界恐怖事件的36%，是恐怖活动的多发地区。

20世纪90年代以后，恐怖活动有了明显的变化，老的恐怖组织开始退出历史舞台，新的恐怖组织开始出现。从联合国发表的一份关于"全球恐怖活动状况"的报告中获悉，1997年全球恐怖活动再次增多，高达560起，死亡420人。报告称："国际恐怖主义活动中死亡的人数增加了。因为恐怖活动日趋残酷地袭击无辜平民并使用爆炸力更大的炸药或炸弹。"与此同时，报告强调："恐怖行为更具隐蔽性和杀伤性。"

恐怖活动的形式主要有以下几种：①暗杀。如1995年11月以色列总理拉宾在集会上被犹太极端分子刺杀身亡。②劫持人质。如2002年10月莫斯科重大劫持人质案。③劫持交通工具。如2001年9月11日美国"9·11"事件。

第6章 反恐与维和行动

④武装袭击。如1997年9月开罗市中心博物馆武装袭击案。⑤生物武器。如1995年日本东京地铁的沙林毒气案。

为了遏制猖獗的恐怖活动,许多国家的军队和执法机关都组建了专门执行反恐任务的特种部队。1972年德国慕尼黑奥运会时,巴勒斯坦"黑九月"武装组织袭击了参加奥运会的以色列代表团,造成该代表团11人身亡。惨案发生后,痛定思痛的德国联邦警察组建了一支反恐特种部队,即第9国境守备队(GSG-9)。

德国第9国境守备队标志

德国第9国境守备队在街头执行反恐任务

与此同时,欧美各国政府开始重视恐怖分子挟持人质事件的处理,纷纷开始组织负责处理类似状况的部队。世界上许多著名的反恐特种部队都是在这一时期组建的,如法国国家宪兵特勤队、俄罗斯联邦安全局"阿尔法"特种部队、加拿大渥太华警察战术群、意大利政要保护小组、奥地利"眼镜蛇"特种部队、希腊反恐特种作战部队等。这些反恐部队主要由各国执法机关组建,专门负责危险性警察任务,如拯救人质、拘捕恐怖分子或有强大火力武器的匪徒等。

法国国家宪兵特勤队标志　　　　　　俄罗斯"阿尔法"特种部队标志

法国国家宪兵特勤队在街头执行反恐任务

俄罗斯"阿尔法"特种部队在港口执行反恐任务

第6章 反恐与维和行动

随着恐怖主义的不断发展，已经出现了不少准军事化的恐怖组织，他们使用的武器越来越先进，进行的恐怖活动也越来越惨无人道。在这种情况下，单凭警察及其他执法机关的反恐作战单位，已经无法取得较好的效果。另外，当今的恐怖组织大多是跨国组织，特警部队和其他执法机关的作战单位由于部队性质的限制，往往不便出国执行反恐任务。而军方的特种部队能很好地弥补特警部队的不足，填补特警部队留下的任务空白。以美国为例，美军就有不少特种部队担负着反恐的使命，如陆军"三角洲""游骑兵"和"绿色贝雷帽"特种部队，海军"海豹"突击队等，其中"海豹"突击队更是因为在2011年5月成功击毙世界头号恐怖分子本·拉登而名声大噪。

美国"海豹"突击队标志

美国"海豹"突击队士兵在冰冷刺骨的湖水中训练

美国"海豹"突击队士兵在海滩上训练

美国"三角洲"特种部队士兵在中东地区执行任务

瑞典拉普兰游骑兵团的作战小队

6.1.2 反恐部队的特点

反恐行动是一种新的战争形式，介于不易区分的平民斗争与军事斗争之间，具有单个暴力行为的特点，这些暴力行为常由那些看不见的敌人引起，他们在每次行动后躲藏到人群中，很难找到他们的踪迹。因此，仅具有常规军旅技能的士兵无法胜任反恐行动，必须由新型士兵担任，也就是特种兵和特警。

20世纪60年代，为了选拔合格的反恐士兵，美国陆军人员研究处实施了各式各样惩罚性的测试，后来归纳出一份反恐士兵的典型心理特征：对身心疲劳有抵抗力；能在不稳定和混乱的情况下做出决定；能够作为团队的一部分活动；能以决心、勇气和战术技能面对战斗环境；能吸收和得到军事信息；能以正确的心态将训练视为实战；能应对进展阶段或行动方向不明的任务；视训练课程为必需。可以这么说，具备上述心理素质是成为一名反恐士兵的先决条件。

除了出色的心理素质，反恐士兵还需要进行反恐行动所需的相关技能的训练。各国反恐部队的反恐训练主要包括两个方面。

基础性训练

基础性训练通常包括理论学习与技术、战术训练。理论学习包括反恐基本常识、反恐理论、反恐法律、国内外城市反恐典型案例的研究和学习等。指挥机关人员和各部门指挥员等应突出反恐理论、法律和案例的研究和学习，提高指挥能力，战斗员应突出反恐基本常识的学习。

技术、战术训练包括反恐基本技能、反恐基本行动的训练。单兵应突出反恐基本技能和体能训练，重点掌握擒拿格斗、反爆破技术、应用攀登、特种射击、侦察专用器材使用等技能。分队指挥员突出基本技能和战术的学习和训练，组织分队重点搞好反恐行动的组织指挥和紧急出动、警戒封控、制乱平暴，反劫持、搜捕、围歼等战术训练，提高整体遂行反恐作战任务的能力。指挥机关重点抓好反恐行动的组织指挥与战法演练。

美国"海豹"突击队士兵进行特种射击训练

训练中的德国第9国境守备队成员

针对性训练

针对性训练是将城市内重要的目标,如政府大楼、大型商场、酒店、车站、地铁站、机场、码头、国际金融中心、商业街、影剧院等,设定为恐怖分子可能袭击的目标，依据这些目标的位置、结构特点、可能被袭击的部位等制定反恐袭击预案，依据预案定期组织相关部门和力量联合进行的反恐演习，练习指挥协同，练习战术运用，练习武力打击，练习整体防护和综合保障等，增强各种力量应对这些重要目标遭受恐怖袭击时的应对能力，提高组织指挥的效能和城市重要目标应对恐怖袭击的能力。只有熟悉重要目标的实地情况，才能在恐怖活动真正发生时从容应对。

法国国家宪兵特勤队士兵在街头巡逻

奥地利"眼镜蛇"特种部队士兵利用绳索从外墙进入建筑物内部

6.1.3 反恐行动的队伍构成

军队和执法机关的反恐部队在执行反恐任务时的队伍构成并没有严格的规定，但经过长期的实战经验总结，这类部队的编制往往具有某些共性，最常见的就是由破门手、尖兵、攻击手和神枪手组成的突击小队。

破门手（Breacher）是负责为突击队清理行进路线中的障碍物的队员，负责打开大门和窗户、开锁等，携带的主要装备为霰弹枪（可以轻易打掉门锁）以及铁锤、铁镐、撬棍和切割炸药等破门工具。

尖兵（Point-man）是突击队的先锋，其行动对整个小队具有重要的引导作用，行进速度、进入房间的时机、临战应变等，都将依靠尖兵的判断。由于尖兵总是排在突击队的最前面，需要对来自任何方向上的威胁进行即时压制,通常是第一个开火的人,也是最容易中弹的人。因此,尖兵一般穿有防弹衣、戴有防弹面罩并拿有防弹盾牌。当拿着盾牌时,尖兵必须保持低矮姿势,以降低中弹概率,并避免影响后面队员的视线和射击。

攻击手包括掩护手、抓捕手、后卫等,是突击队的主要攻击力量,紧随尖兵之后。其中,抓捕手通常由突击队指挥官兼任,随身带有大量捆扎工具,位于队伍中间,行进过程中随时协调前后队员的行动,并警戒有可能被前方队员遗漏的地方,以及处理被制服的罪犯。后卫主要负责警戒后方,同时确认已被清除过的地方。掩护手紧随尖兵身后,对尖兵进行火力掩护、负责警戒小队两侧以及其他方向的威胁,并做好随时接替前面队员的岗位。

神枪手通常单独行动,在突击队展开行动前,对现场和犯罪分子进行远距离监视,完成现场情况的侦察,并将获得的情报向指挥官汇报。当突击队开始行动后,神枪手则担任支援任务,并监视突击现场的情况。神枪手通常装备望远镜、夜视仪和高性能的狙击步枪,他不会轻易开枪,一旦开枪就必然是最重要的一枪。

默契配合的美国"绿色贝雷帽"特种部队两人小队

第 6 章　反恐与维和行动

由手持盾牌的尖兵领头的法国国家宪兵特勤队突击小队

手持冲锋枪的德国第 9 国境守备队成员

俄罗斯"信号旗"特种部队突击小队

6.1.4 | 反恐行动的基本战术

个人战术

掩护物的利用

由于反恐部队的战斗通常发生在闹市区，人口和建筑物密集，交火距离近。这种环境的掩护物多，对交火双方造成的障碍也较多。不过，如果能合理利用各种环境因素，找准掩护物，就能争取战术优势，并大大提高生存概率。

任何能够抵挡枪弹射击的物体，都可以视为掩护物。战斗中，只要躲在掩护物后方，便可避免被枪弹所伤。掩护物的抵御强度没有固定标准，要视当时恐怖分子的火力而定。在战斗中，反恐士兵寻找掩护物是需要时间及空间的。大多数建筑物里或市区内的枪战都是短暂而激烈的，交火双方的距离越近，可供反应的时间便越少。尤其是当反恐士兵遭到伏击，如果一两步内没有掩护之处，就只能一边反击，一边退到就近的掩护物，这个过程中极有可能出现较大的伤亡。为了避免出现这种极端不利的情况，反恐士兵从某处移动另一处之前，往往要事先盘算好一条机动路线，尽可能地靠近一些合适的掩护物，避免陷入被动的险境。

在利用掩护物时，最需要注意的一个问题就是跳弹。因为掩护物往往具有坚硬的表面，这样才能抵御枪弹的强大侵彻力，但同时也会造成弹丸的反弹和跳飞现象。如果反恐士兵忽略这个问题，那么即使找准了掩护物，也依然会被跳弹所伤。因此，如果情况允许，应与掩护物相隔 2 米左右，这样就能降低受伤的概率。

反恐部队执行任务时，最常见的两种掩护物便是墙壁和汽车。利用这两种掩护物时，需要一定的战术技巧。在许多人的认知中，最安全的方式就是紧贴墙壁。其实这样反而容易受到伤害，因为反恐士兵身上的衣服及装备与墙壁摩擦会产生声音，从而暴露行踪，招致恐怖分子的攻击。另外，紧贴墙壁也容易受到跳弹的伤害。

在街道中战斗时，汽车是最普遍的掩护物。很多动作电影里都曾出现交火双方以汽车为掩护物的画面，但其中有许多动作都是不正确的。与墙壁相似,紧贴车身极易受到跳弹的伤害。如果与车身保持 2 米左右的距离,就可避免被跳弹所伤。不过,当恐怖分子占据着较高的位置时,与车身保持 2 米距离反而会使身体完全暴露在对方的火力之下,而且从高处落下的靠近弹的反弹角度也会相应提高,此时便无须与掩护物保持距离。此外,车辆虽然是很好的掩护物,但车底与地面间的空隙往往是被忽略了的跳弹弹道。要发挥车辆的最大掩护效果,反恐士兵应选择车轮后方作为藏身之处。

在掩护物后方战斗时,最容易犯的错误就是从掩护物上方探出头来寻找敌方的踪迹,这样极易成为射击目标。较为安全的方式是在掩护物的两侧进行射击,以减少身体暴露面积。军队在街区作战时,步兵往往会俯卧在墙角,冒出头来窥探敌人的动静。由于军事冲突里交战双方距离较远,这种动作是可以接受的。但反恐部队的行动中,交战双方往往都在室内,对手近在咫尺,如果反恐士兵也探出头去,就极易遭到恐怖分子的攻击。

法国国家宪兵特勤队士兵利用车辆作掩护

拐角搜寻技巧

反恐部队大多数时候都在街区或建筑物里战斗,由于交火距离近,武器的火力与有效射程已不是胜负的关键,反恐士兵必须善用隐蔽点和搜寻技巧。

在搜寻过程中，经常会遇到拐角处，这是最需要注意的地方之一。拐角搜寻过程中，反恐士兵必须熟悉自己与恐怖分子的视野范围，以及各自与墙角的平面关系。只有尽量减少自己暴露在危险区内的身体面积，才能在战斗中抢占先机。

进门搜寻技巧

大门通常是反恐士兵进入建筑物时的第一个障碍物。不论门是敞开或是关上的，门后方房间内的情况都难以查明，这也成为恐怖分子埋伏的理想场所。因此，进门搜寻程序是反恐士兵必须掌握的重要战术技巧。

在执行进门搜寻程序时，反恐士兵首先要占据一个有利的搜寻位置，一定要使身体在靠近门锁的一侧，这样对于窥探及自身安全都较为有利。若房门是向外打开的，靠近门锁的位置便可以看到房内大部分情况。若门是向内开启的，虽然这个位置不能立刻看见什么，但仍适宜作为进门搜寻战术动作的起点。在每次行动前，反恐士兵通常要尝试扭动一下门锁，看是否可以悄悄打开，以便先发制人。为免打草惊死，破门往往是最后才会采用的手段。

不论门是打开的还是关上的，反恐士兵都不能站立或徘徊在门口处。尤其是该房间光线明显较室外幽暗，队员背光造成的剪影，对埋伏在室内的恐怖分子来说无疑是个明显的射击目标。有经验的反恐士兵都把门前的地方称作"死亡地带"，在通过时必须动作迅速并能随时应对任何突发状况，不能让恐怖分子有瞄准的机会。在窥探房间时，身体不能倚靠房门，这种姿势不单没有应变能力，且门板不能抵御枪弹攻击，从而令身体暴露于危险中。

在伸手开门时，反恐士兵持枪的手应尽量收于胸前或腰间，并做好射击准备，这样能有效防止枪械在开门过程中被匿于门后的恐怖分子夺取。门被打开后，反恐士兵要迅速后退一两步，以便取得更佳的视野及射界，遇上突发状况时也有更大的缓冲距离。

在未查明门后是否安全前，不可贸然踏进房间。最稳妥的对策仍是采取拐角搜寻的战术动作，以门锁一侧的门框为行动轴心，行动中视线沿着门框垂直方向上下扫视，视觉焦点则前后移动，来回游走于门框至房间深处尽头。同时身体作弧线运动，渐进式地逐一窥探房内范围。此外，对于向内开启的门，要推至贴着背后的墙壁确定没有敌人埋伏于门后。

第 6 章 反恐与维和行动

法国国家宪兵特勤队士兵准备进门

转身战术动作

在执行任务时,为了进行搜索、攻击和拘捕等行动,反恐士兵必然会保持机动。为了能对突然出现的威胁及时作出反应,反恐士兵的身体必须时刻保持平衡,枪口永远朝着眼睛监视的方向,能随时进入射击状态。在掩体之间机动时,应以轻快的脚步进行,除非受到攻击,否则切勿奔跑。当接近潜在威胁地带时,要避免双脚交叉的步法,因为这会大大降低身体的平衡性,不利于操控手中的枪械。

在反恐行动中,反恐士兵常用的转身战术动作如下:一、左转身90度。当反恐士兵感觉身体左侧方向出现威胁,要立即扭动身躯,左脚稍往后放,脚尖朝向威胁处,然后扭动双脚的脚尖,令身躯进一步面向左侧,双手同时摆出选定的射击姿势。二、右转身90度。当反恐士兵感觉身体右侧方向出现威胁,要立即扭动身躯,右脚向左后方后退一大步,头部和枪口转向目标,双手摆出选定的射击姿势。三、转身180度。当反恐士兵感觉身体后方出现威胁,左脚横越右脚,向右后方踏进一步,然后扭动上半身,双脚的脚尖转向后方,眼睛、枪口瞄向目标,双手摆出选定的射击姿势。

小组战术

反恐部队小组战术的主要内容是小组搜寻战术,即以小组形式对目标建筑物展开搜寻。小组协作要比单枪匹马更有效、更安全,前提是要通过相关的战术技巧,把每个队员的能力集合起来,产生"1+1>2"的效果。为了做到这一点，队员必须密切配合，有一致的行动目标；队员之间沟通顺畅并且有可靠的无线通信传送设备；每名队员能分担不同的掩护方向，从而达成全方位的警戒。如果搜寻小组无法做到上述几点，那么依然只是几个队员的简单集合，达不到优势互补的目的。

基本要点

一个完整的搜寻小组包括前锋、掩护手及后卫等角色。前锋是第一个越过障碍或关键地点的队员，掩护手负责给前锋提供掩护及协助搜寻工作。在某些环境中，如果相反方向存在两个必须同时警戒的危险点，如十字形走廊交接处，掩护手的作用就如同前锋的另一双眼睛。后卫处于队伍尾端，要负责小组的背后警戒，并清除一切潜在的威胁。

在搜寻行动中，各个队员的角色并非固定不变，而要视建筑物的结构、客观环境及形势发展，在队员之间随时做出调换。遇上人手不足的情况，若只能以两人小组形式执行任务，那么后卫的角色便会被首先调换，此时掩护手便要担负双重责任，兼顾背后的警戒工作。一旦小组中任何一名队员发现敌人，不论是大声报警或是立刻开火，也不管该队员当时担任哪种角色，他都会自动成为小组的前锋。其他队员仍然守在各自的警戒方向，但整个小组的行动将会以他的战术需求为中心，而最靠近他的队友则成为掩护手，有时需要给予协助和侧翼掩护，余下队员成为小组的后卫，不但要警戒原来的掩护范围，同时要兼顾掩护手留下的警戒方向。

反恐部队所执行的任务极具危险性，队员很有可能在执行任务时受伤，因此受伤撤离的练习也是比较重要的课目，并且要针对不同的角色、不同的警戒状态反复练习。战斗中如果有队员中弹，旁边的队友会担当掩护手的职位，迅速做出火力掩护，取代受伤队员的战斗位置。这种方式的好处是压制了恐怖分子进一步的攻击，迫使他躲到掩护物后，从而创造出宝贵的后撤时间。而如果立即救治伤员，就有可能导致更多的伤亡。

尽管反恐部队使用的武器装备极为精良，但如果战斗持续时间较长，枪械故障或需要更换弹匣的可能性便会增大。由于事出突然且室内战斗多在中短距离上发生，此时队友给予的及时掩护往往关乎个人的生死。因此队员之间的互相支援，是小组战术训练里的重要一环。

第 6 章　反恐与维和行动

美国"绿色贝雷帽"特种部队进行反恐训练

俄罗斯"信号旗"特种部队士兵从直升机速降到房顶

阿富汗战场上的美国"绿色贝雷帽"特种部队士兵

俄罗斯"阿尔法"特种部队的突击小队正在通过建筑拐角

小组走廊队形

走廊的战术环境极为狭小，它限制了队员的机动路线，也限制了敌人的攻击方向，对搜寻小组的威胁只会来自前后两个方向的转角位置。因此，三人小组沿着走廊的机动队形是小组搜寻技巧中最基础的组成部分，人数组成更多的小组也只是分工更为细致，但基本的战术技巧也是由三人小组发展而来。

三人小组多数安排前锋在中央位置，而掩护手及后卫则分别紧贴前锋的左右两侧，队员身体保持接触，万一出现情况时，更容易向身边伙伴示警，同时也可以免除语言或手语引起的延误。反恐部队的作战环境往往是室内，狭窄的战斗空间使3人的警戒方向不宜采取辐射状，这样向前伸出的双手会在不知不觉间进入未经查明的危险区域。

每当小组被安排在大队领头位置，或有殿后队员支援，背后不存在的威胁时，后卫便可与前锋、掩护手一起朝前进发。但当小组单独行动或处于建筑物深处，为了防范对手从后方突然出现，后卫必须掉过头来警戒小组的后方。

以小组形式进行走廊拐角搜寻时，若遇到的是"L"形或"T"形走廊，后方警戒任务可交由后卫负责，掩护手与前锋则要同步前进，此时要格外留意前臂及武器是否纳入前锋拐角的危险区域内。

当小组搜寻需要在十字形走廊里展开时，警戒的方向就由原来只有走廊前后两端，增至前后左右四个方向，但只要战术得当，三人小组仍能应付。

法国国家宪兵特勤队三人小组在走廊搜索目标

第6章 反恐与维和行动

小组进门队形

进门是由走廊进入房间过程中关键的一步,搜寻小组的潜在威胁由原来只有前后两个方向增至3个。这其中各人除了要明确知道自己的警戒方向外,还要留意和配合其他队员的行动。掩护手与后卫必须分别监视不同方向,切勿让警戒范围重叠。

单兵执行进门任务时,只需注意切勿停留在门口位置上,让自己成为活靶子。小组战术里,除了要注意这一点外,还要配合默契,否则很容易在门口位置撞在一起。因此在控制进房时机及机动路线上,要更准确、更妥当地安排。

搜寻小组进门时的常见动作程序是:掩护手将房门推开,前锋采用入门搜寻技巧,一步一步地以门框为轴心,扫视房间内情况。后卫转而与掩护手肩并肩靠在一起,分别监视走廊两端。紧接着,前锋沿对角线方向,迅速越过门口的危险地带并冲进房间里。掩护手随后行进至房内另一侧。最后,后卫也退进房间里,依托门框作掩护,继续监视门外走廊两端动静。当小组退出来搜寻其他相邻房间时,监视走廊的后卫便会成为下一步行动的前锋。

澳大利亚空降特勤团突击小队正在执行搜查任务

美国"海豹"突击队士兵准备进入建筑物内部

6.2 维和行动

6.2.1 维和行动概述

"维护国际和平及安全"是《联合国宪章》中阐明的联合国主要使命之一。在执行这一使命的过程中,维和行动是使用的最普遍的方式。所谓维和行动,是指由联合国组织指挥,由多国力量参与、以非武力行动方式,旨在维护世界紧张地区和平与稳定的行动。维和行动大致分为两类:部署观察团和派驻维和部队,均是建立在自愿和非强制基础上的行动,实施需要得到冲突各方的同意与配合,对地区性冲突起隔离和缓冲的作用,是一种控制争端并使之逐步降级的十分有益的手段。

1948年6月,联合国停战监督组织成立,负责监督第一次中东战争后阿拉伯国家和以色列双方执行停战协定的情况,这标志着联合国维和行动正式走上历史舞台。时至今日,联合国已执行了超过70次维和行动。联合国维和人员在十分危险和艰苦的条件下,执行维和任务,为维护国际和平与安全做出了巨大的贡献。截至2021年7日,已有超过3700名联合国维和人员在执行任务中牺牲。1988年,为表彰"维和人员为促进和平与安全作出宝贵的贡献",联合国维和部队被授予诺贝尔和平奖。

目前,联合国维和机制作为国际多边安全合作机制的重要组成部分,在国际和平事业中具有非常重要的作用。军队积极参与联合国维和行动,既是履行国际义务、加强国际合作、维护世界和平的客观要求,也是借鉴外军有益经验、缩小与先进国家军事差距、实现国防和军队现代化的重要途径。

联合国维和部队标志

第 6 章 反恐与维和行动

参加联合国维和行动的尼泊尔士兵

英国海军陆战队士兵参加联合国维和行动

参加联合国维和行动的巴西士兵

6.2.2 | 维和部队的士兵

联合国维和部队士兵头戴天蓝色钢盔或天蓝色贝雷帽,上有联合国英文缩写 UN,臂章缀有"地球与橄榄枝"图案。与各国特种部队不同,联合国维和部队执行任务时必须公开自己的存在,必须行进在最引人注目的公路、广场、热闹地段等公开场合。

由于维和行动的特殊性,联合国维和部队在挑选士兵时也有一定的要求。

第一,参加维和行动的士兵必须对自己以及小组的行动目的有清楚的认识。只有这样,在执行任务时他才会方向明确,不至于因为些许偏差而浪费时间和精力。

第二,由于维和行动完全是针对"痼疾"而采取的措施,坚忍不拔可谓是维和部队的一个基本特征,也是个人所应持有的态度。在重建团体间信任、防止战斗死灰复燃等工作上仍需持续地运用军事力量和外交的压力,维和部队绝不可仓促地撤离。

第三,参加维和行动的士兵必须具有良好的克制力。在许多场合下,士兵的交战规则明确规定,除非是成为敌人的明确目标,或遭到敌人的射击,维和士兵在执行任务期间不得开枪,以免局势升级。因此,维和士兵必须严格遵守任务细则中规定的交战规则。

第四,维和士兵要尽可能多地发现和了解任务地区的文化,这不仅可使他思路更加开阔,更好地与当地人周旋,而且还能有助于士兵时刻意识到环境中可能预示恐怖威胁的异常现象。

第五,凡参加联合国维和部队的人员,必须被送到设于北欧的训练中心接受特种训练,以熟悉维和部队的职能、宗旨、任务和进行特种军事训练。维和士兵经常需要执行分离交战各方、解除各派武装、提供食品和医药救济、驱散人群、与地方军阀谈判等任务,除了要具备基本的作战技能外,还要具备一定的谈判技能,要了解大众的心理,要有处理法律难题的能力,要能够得体地关爱受伤的人员。

头戴天蓝色钢盔的联合国维和部队士兵

参考文献

[1] 邓敏. 单兵作战技能手册 [M]. 北京：台海出版社，2019.

[2] 深度军事. 单兵作战装备图鉴（白金版）[M]. 北京：清华大学出版社，2016.

[3] 白海军. 钢铁侠再现：未来单兵作战 [M]. 北京：化学工业出版社，2015.

[4] 赵渊. 士兵突击——单兵技能训练与装备揭秘 [M]. 北京：化学工业出版社，2014.

[5] 维斯特. 步兵战：战略战术战例 [M]. 北京：中国市场出版社，2013.